日本司法福祉学会

SHIHO FUKUSHIGAKU KENKYU
JAPANESE JOURNAL OF FORENSIC SOCIAL SERVICES

司法福祉学研究

2020

20

JN015321

生活書院

パンデミックと司法福祉

Social Work During a Global Pandemic

藤原正範*

1 100年前のパンデミック

　大正期，大阪に救済事業研究会というものが存在した．大阪府知事大久保利武により救済顧問として迎えられた小河滋次郎が主宰し，1913（大正2）年5月に開始された．大阪府を中心とする関西地域の社会事業家たちの集いの場であり，ここでの議論から大阪府の方面委員制度が生み出された．

　私が救済事業研究会に関心を持ったのは司法福祉と関わりが深いからである．この研究会の出席者，議論された内容を精査すると，当時の社会事業家の重要な一角を感化院関係者が占めていたことがわかる．この会では，少年法立法反対（1920年1月），感化法改正（1923年5月）等が議論されている．

　研究会は，1925年10月の第141回まで，第2土曜日を基本に月1回のペースで続けられた．しかし，この会が開催されない月が2回だけあった．そのうちの1回は1918年11月で，その理由は「スペイン風邪」流行である．

　「スペイン風邪」とは何であろうか．国立感染症研究所感染症情報センターホームページの情報から，次のようなことがわかる．

　・第一次世界大戦中の1918年に始まった．
　・WHOによると，患者数は当時世界人口18億人の25〜30％，死亡者数は
　　4000万人．日本の内務省統計では，患者数2300万人，死亡者数38万人．

＊日本福祉大学ソーシャルインクルージョン研究センター研究フェロー

- 1918 年春から夏にかけて第 1 波，同年秋に第 2 波，1919 年冬に第 3 波の流行があり，第 2 波流行時の致死率が非常に高く，しかも 15 〜 35 歳の若年者に集中した．
- 抗生物質が発見されていない時代であり，流行への対策は，患者の隔離，接触者の行動制限，個人衛生，消毒と集会の延期などしかなかった．多くの人は人が集まる場では自発的にマスクを着用した．

この原稿を書いている 4 月 22 日，COVID-19 は世界で罹患者約 252 万人，死亡者約 17 万人という状況である．効果的な治療薬がなく，対人接触を極力減らすしか対策がないのは「スペイン風邪」当時と何ら変わらない．「スペイン風邪」流行の動向を見ると，COVID-19 はいまだ序の口でこれからのほうが長いのではないかと感じて不安になる．

2　パンデミックと人権

4 月 7 日，3 月に成立したばかりの「新型インフルエンザ等対策特別措置法の一部を改正する法律」に基づき，東京都ほか 6 府県に内閣総理大臣による「緊急事態宣言」が発された．この特別措置法は，東南アジアで発生した鳥インフルエンザが強毒性で人から人へと感染するようになった事実を背景に 2012 年に成立した．今回の一部改正は，2020 年の新型コロナウィルス感染症をこの法による新型インフルエンザ等とみなすというだけのものである．緊急事態宣言により，都道府県知事は外出制限の要請，興行場・催物等の制限の要請・指示などを行った．制限する範囲をめぐって国と東京都が異なる見解を示し，その決着までに数日を要した．

COVID-19 をめぐる混乱は始まったばかりかもしれないが，この 1 〜 2 か月間ですでにいろいろなことが起きている．

分断か，協力か．この数週間，多種多様な分断を見聞きした．国と国，国と自治体，自治体と自治体，国と人，自治体と人，人と人．その間に境界を引く．交流をやめる．疑う．攻撃する．人と人の分断の典型例は，感染者や医療従事者に対する差別・攻撃だ．しかし，かすかながら協力の芽が育っている．知人

からラインで届く COVID-19 蔓延下の生活の知恵（ミュージック入りの楽しい動画など），ズームを使った仲間とのおしゃべり，手作りマスクの普及などなど．

生活破壊か，生活再建か．社会の混乱は社会的弱者にもっとも大きな打撃を与える．緊急事態下での社会活動の制限．多くの産業，業界の絶不況．非正規，派遣，外国人の労働者の大量解雇．政府や自治体は財政赤字などと言っておれなくなり，生活破壊を少しでも和らげるために直接の金銭給付を実施せざるを得なくなった．しかし，国家のリーダーたちの恩恵的給付の思想が見え隠れした．COVID-19 に打ち克つためには憲法 25 条の精神に則った生活再建の道筋を示すしかないだろうに．

社会機能不全か，社会機能回復か．2 月末の安倍首相の唐突な学校休校要請は，社会にさまざまな問題を引き起こした．学校休校は社会的養護，学童保育，放課後デイサービスなど福祉現場に過度の負担を押し付けた．学校休校により親が仕事を休まざるを得なくなり，主に女性労働で支えられている現場（病院など）が立ち行かなくなった．古い話であるが，社会とは「籠に乗る人，担ぐ人，そのまた草鞋を作る人」である．あまりに当たり前のことであるが，平素はそこに心が及ばない．社会に欠けていいものなどほとんどないことに気付いた私たちは，回復の道を歩むことができるかもしれない．

病気はさまざま人権との摩擦を引き起こす．ハンセン病，HIV をめぐる人権問題は記憶に新しいところであるが，長い困難の歴史を有しかつ今でも克服されていないのは精神疾患であろう．私たちは，過去の歴史から病気への対処についていかにその方法を間違えてきたかを学ぶことができるのである．

3　パンデミックとソーシャルワーク

昨年後半から，研究仲間数名と 2020 年 7 月，カルガリーで開催される SWSD2020（2020 年世界ソーシャルワーク・社会開発会議）への参加準備を進めていた．1 人が口頭発表，3 人が共同してポスター発表を行う予定で，2020 年 2 月，事務局から受理通知をいただいた．しかし，その後 COVID-19 のため開催中止となった．この会議は「向こう 10 年ソーシャルワーク専門職が優先すべき事柄を全世界的に協議する」（IFSW 事務総長の Rory Truell の言葉，

SWSD2020 ホームページから）ことを目的としたものであった．2 年前，私たちはほぼ同じメンバーで，SWSD2018（ダブリン）で刑事司法領域において対人援助専門職が重要な役割を担うことができるという視点で，ここ数年の日本の動向について研究発表した．SWSD2020 では日本国内の動向の紹介を継続し，他国のソーシャルワーカーとの交流を図りたいと考えていた．会議の中止は非常に残念であった．

振り返ってみれば，2003 年，長崎で開催される予定であったアジア太平洋ソーシャルワーク会議が SARS のため中止になった．当時，日本で SARS は流行しなかった．この中止決定に大きな違和感があったことを記憶している．COVID-19 流行をめぐる日本の混乱は，SARS，MARS の経験のないことが一因であるとも言われる．感染症の歴史は，国内に止まらず世界から学ぶ姿勢が大切であるということであろう．

さて，ソーシャルワークは，パンデミックに陥った世界の中で何ができるだろうか．パンデミックが引き起こした分断，生活破壊，社会機能不全は，本来ソーシャルワーカーが闘うべき相手であり，協力，生活再建，社会機能回復は，ソーシャルワーカーがその専門性によって実現すべき事柄である．SWSD2020 には，世界各国のソーシャルワーカーだけでなく市民社会のリーダー，政治のリーダー，地域社会のリーダーの参加が求められていた（SWSD2020 ホームページから）．社会変革と社会的結束を目指すソーシャルワーカーの協働すべき相手がここに明確に示されており，たいへん興味深い．

SWSD2020 は中止されたが，その会の目的であった「優先すべき事項」が，現時点において，COVID-19 への対処とその収束後の社会再建であることは明白である．この「優先すべき事項」に向かっての挑戦にソーシャルワーカーの役割は間違いなく存在する．

日々 COVID-19 をめぐる過剰な，それでいて的を射てない情報が満ちる中，本稿はそこから発した私の関心事を羅列しただけのものになってしまった．世界と日本の現状は深刻で，いつこの暗黒のトンネルを抜けるか予想できない．私はこの 3 月に現職教員でなくなったので，学生や組織の心配をしなくてよくなった．また，妻との 2 人暮らしで，家族責任は比較的軽い．現在の不安は，

夫婦そろって高齢者であるのでどちらかが肺炎に罹患して死ぬかもしれないということである．もっとも日本司法福祉学会の会長という立場で，2020年の全国大会が実施できるか，いつ理事会の開催が可能になるか，あるいは国際的学術交流が途絶えてしまう，若手研究者の発表の機会が減ってしまう，など心配事がないわけではない．

会員の皆さんは私よりはるかに重要で，かつ多くの社会的役割を担っており，現状と今後への不安は計り知れないほど大きいと思う．人生の重要なイベントが延期になった人，すごく楽しみにしていたことがなくなってしまった人，誰かとの重要な出会いをあきらめた人もいるだろう．今は，トンネルの向こうに明かりが見えてくるのを待つしかない（100年前のスペイン風邪に話を戻すと，そのパンデミックの中で救済事業研究会の中止がたった1回であったことに驚いてしまう）．

4月15日の朝日新聞の記事（名古屋本社版21面）「明日へのLesson・東京大学の入試から感染症による社会の変質を考える」（ゆげひろのぶ）を興味深く読んだ．14世紀のペストのパンデミックが「暗く息苦しい中世から明るく自由な近代への転換をもたらした」らしいのである．考えてもいなかった新しい視点の提示である．

学会誌が刊行される秋，COVID-19パンデミックはすっかり終息し，過去の出来事として語り合っていることを期待しながら，本稿の筆を置く．

（日本時間の2020年4月2日午前4時現在，COVID-19の世界の感染者数3410万人，死亡者101万人である．収束はいまだ見えない．）

目　次

自由研究

（論文）

地域生活定着支援センター従事者の労働環境

——離職意図，バーンアウト及び主観的報酬の関係に着目して

Working Environments in Regional Settlement Support Centers:
Turnover Intention, Burnout, and Subjective Rewards Among Employees

河野　喬 *　　井川純一 **　　道下　整 ***　　石倉康次 ****

1　要旨

　本研究では，地域生活定着支援センターの運営体制及び労働環境について従事者の離職意図，バーンアウト及び主観的報酬に着目して検討した．全国48拠点のうち23拠点（従事者：79名）が調査に協力した．センター従事者のバーンアウト傾向を，先行研究（医師，看護師，介護福祉士）と比較したところ，情緒的消耗感や脱人格化は低い水準であったのに対し，個人的達成感の低下症状は相対的に高い水準であった．また，主観的報酬（対人報酬，経済報酬，成長報酬，社会報酬，及び安定報酬の5因子）のうち，経済報酬のみが中点よりも有意に低い値を示した．これらの結果は，センター従事者は，現在の業務に感じている達成感が他の職種よりも低く，経済的報酬に不満を抱えていることを示す．また，離職意図とバーンアウト傾向に及ぼす主観的報酬の影響について重回帰分析を用いて検討したところ，経済報酬が離職意図に負の影響を及ぼす一方，社会報酬はバーンアウト傾向を抑制していた．衛生要因である経済報酬が離職意図を，動機づけ要因である社会報酬がバーンアウト傾向を妨げるという本研究の知見からは，経済的報酬を施策によって担保することで離職を防ぎつつ，仕事の意義や社会的評価にアプローチする啓発活動によって従事者の達成感を

* 広島文化学園大学人間健康学部講師　** 大分大学経済学部准教授　*** 社会福祉法人天友会事務長
**** 立命館大学産業社会学部教授

高めていく必要性が示唆された.

2 はじめに

　近年の統計資料からは,刑法犯全体の認知件数は減少傾向にあり,重要犯罪(殺人,強盗,強制性交等,強制わいせつ,放火,略取誘拐,及び人身売買)の認知件数もまた減少傾向にある(警察庁 2018).一方,刑事施設の収容者に占める累犯障害・高齢者の比率が高まっており,矯正統計によると,対象年次に新たに刑務所に入所した懲役・禁錮・拘留の自由刑受刑者(以下,新受刑者)に占める CAPAS(Correctional Association Psychological Assessment Series)能力検査の能力検査値が,知的障害の傾向を示す IQ70 未満の割合は約 20％であることが報告されている(法務省 2017).また,65 歳以上の割合も 10％を超えており,そのうちの約 60％が累犯であることから,繰り返し罪を犯し,収監されている実態が浮かび上がる.また,このような障害・高齢の状態にある人が刑期の終了(満期釈放)まで収監されている事例が多く報告されていることから(法務省 2017),釈放後の司法福祉的関わりが必要であることが示唆されている.

　司法福祉に関する先駆的な取り組みとして,矯正施設における知的障害者の実態調査,地域移行のための実践方法の検討とフローチャートの作成,矯正施設からの地域生活移行の実践,及び支援体制づくりを内容とする先行研究(田島ら 2008)が報告され,モデル事業として開設された長崎県地域生活定着支援センターの事業化を経て,厚生労働省の地域生活定着促進事業「地域生活定着支援センター」(以下,センター)が創設された(伊豆丸 2014).センターは,高齢又は障害を有することにより,矯正施設から退所した後の自立生活が困難と認められる受刑者に対して,本人が支援を希望した場合に,釈放後の帰住先がない場合には「特別調整」,帰住先がある場合には「一般調整」を行う,矯正施設入所中から退所後までの一貫したコーディネート,フォローアップ,及び相談支援を担う拠点である(地域生活定着支援センターの事業及び運営に関する指針).2009 年創設から 10 年が経過する現在,罪を犯した人が地域社会でやりなおすために,出所後(出口)だけでなく,刑事司法手続きの当事者になった時点(入口)から非権力的かつ伴走型の支援が行われている.実績として,特別調

整を選択した高齢出所受刑者が，再び服役するようなことがなく生活を送っているという割合は92.9％であり，特別調整を辞退した者53.6％を大幅に上回っている（法務省 2018）．罪を犯した人に対して厳罰化を求める傾向が強い日本社会において（浜井 2011），対等な立場から専門的な支援を行うセンター従事者は，上記のとおり刑余者・触法者の立ち直りを支えるキーパーソンとしての大きな役割を担っている．一方で，センター事業は未だ，創設当初と変わらずセーフティネット支援対策等事業実施要綱に基づく補助金事業であり，法的に不安定な位置づけのままであることから，全国団体から地位・報酬の改善が主張され続けている（全国地域生活定着支援センター協議会 2014; 2017）．

　対人援助場面における過重な負担や役割のあいまいさといった環境要因は，従事者の離職やバーンアウトにつながることが指摘されている（久保 2007）．離職意図とは「離職の時期や手続きを具体的に考え，離職を実現しようと考えること」と定義される（井口 2016）．つまり，離職意図は労働環境，従業員の労働に対する姿勢，ストレス状態などの様々な状況を内包した上で，マンパワーの減少傾向を直接測定することが可能な指標である．一方，バーンアウトは，「長期の対人援助プロセスにおいて，心的エネルギーが絶えず過度に要求された結果，極度の身体疲労と感情の枯渇を示す症候群である」と定義される（Maslach et al. 1981）．バーンアウトの症状は，クライエントの支援にも好ましくない影響を及ぼすことが指摘されており（田尾 1989），従事者の支援の質やモチベーションに関連する指標として捉えることができる．これら離職意図とバーンアウト傾向は相関関係にある一方で，対人援助場面では互いに独立の要素として存在している可能性が考えられる．例えば，バーンアウト傾向が高く支援の質が低下した状態であっても，従事者の置かれた状況（例えば他の職業が見つからない，収入が著しく高いなどの要因）によって離職意図が低くなる場合も考えられる．また，逆にバーンアウトが低い水準にあっても他の要因（他に魅力的な仕事が存在する，収入が著しく低いなどの要因）によって離職意図が高まってしまう可能性もあるだろう．したがって，本研究では離職意図，及びバーンアウト傾向に影響を与える要因として主観的報酬に着目した．

　職業上の主観的報酬を測る尺度としては，Siegrist（1996）開発した Effort-Reward Imbalance Model（ERI）が活用されてきた．主観的報酬は，従事者が

仕事への意欲や関心をかき立てられるもののうち自覚できるものであり，金銭や社会的評価といった外発的なものだけでなく，自己の成長やワーク・ライフ・バランスといった内発的なものを含む．また，努力に対して報酬が低位でありつづける不均衡が続くと，心理的ストレスを高め，バーンアウト傾向を強めることが知られている（Hämmig et al. 2012）．これらの主観的報酬が，離職意図及びバーンアウト傾向に及ぼす影響を調査することで，地域生活定着支援における福祉マンパワーの「量」と「質」を阻害する要因について明らかにすることができる．

　以上の議論から，本研究では地域生活定着支援センターで従事する対人援助職に焦点を当て，離職意図，及びバーンアウト傾向に及ぼす主観的報酬の影響について検討した．

3　目的

　障害・高齢刑余者支援の拠点である地域生活定着支援センターの対人援助職に焦点を当て，離職意向，及びバーンアウト傾向に及ぼす主観的報酬の影響について明らかにする．

4　方法

（1）対象
　全国48箇所の地域生活定着支援センターを対象に質問紙調査を実施した．まず，2017年8月から12月にかけて各センターに電話で調査協力の依頼を行い，協力の意向を示した30箇所にのみ質問紙を郵送した．郵送したセンターのうち23箇所から回答があり，職員調査は79名（男性47名，女性32名，平均年齢44.9歳 ± 12.8年）からの回答を得た．

（2）調査項目
　質問紙は，管理者を対象とした支援体制に関する調査（管理者調査），及び職員を対象とした労働環境に関する調査（職員調査）をそれぞれ郵送した．管理

者調査は，法人種別，人員配置，事業収支，及び支援件数で構成した．職員を対象とする質問紙は，保有資格，勤続年数，就業・勤務形態に加え，以下に呈示する4つの質問紙を使用した．

①日本版バーンアウト尺度（Japanese Burnout Scale：以下，JBS）

　バーンアウト傾向の測定に使用したJBSは，田尾・久保（1996）が日本人向けに改訂した17項目からなる尺度であり，「あなたは最近6ヵ月の間に，次のようなことをどの程度経験しましたか」という質問に対し，5件法（1＝「ない」，2＝「まれにある」，3＝「時々ある」，4＝「しばしばある」，5＝「いつもある」）で回答させるものである．情緒的消耗感は，精神的疲労度が増加した状態であり，心身ともに疲れ果てて何もしたくないという感情や気分である．脱人格化はクライアントや同僚に対して，配慮や思いやりがなくなった状態であり，クライアントに対する冷淡な態度などを示す．個人的達成感の低下は，仕事に喜びを感じることができず，自らの職務の重要性を低く見積もる状態である．

②離職意図（Robbins 1998）

　現在の仕事に対する離職意図を測定するため，Robbins（1998）の離職意図3項目を日本語訳した諸上（2009: 197）を参考に，「あなた自身について応えてください」という教示文に対し，「私は本気で今の仕事を辞めるつもりである」，「現在，他の仕事を探している」，「できるだけ早く今の仕事を辞めたい」の3項目について回答を求めた．回答法は「全くそうではない」，「どちらかというとそうでない」，「どちらでもない」，「どちらかというとそうである」，及び「非常にそうである」の5件法であった．

③対人援助職の主観的報酬尺度（The Subjective Rewards Scale for Human Service Profession：以下，SRS-HS）

　SRS-HSは，井川ら（2015）によって医療・福祉従事者に特徴的な報酬を測定するために作成された25の質問項目からなり，対人報酬，経済報酬，成長報酬，社会報酬，及び安定報酬の5つの因子によって業務に対する主観的報酬の高低を測ることができる．それぞれの質問項目について，「全くあてはまらない」，

「あてはまらない」,「ややあてはまらない」,「どちらともいえない」,「ややあてはまる」,「あてはまる」,及び「非常にあてはまる」の7件法で回答させた.

（4）統計的処理

分析には HAD version16.20（清水 2016）を使用した.

（5）倫理的配慮

対象である各地の地域生活定着支援センターには,事前に電話にて研究目的,調査内容について口頭で説明を行い,調査協力の意向を示したセンターに対してのみ調査票を郵送した.調査票には,研究目的,方法,匿名性,及び協力の任意性を表示し,承諾があった場合のみ調査票が返信された.なお,本研究の研究計画は,日本司法福祉学会研究倫理指針に基づいて設計され,広島文化学園大学研究倫理委員会の承認を経て行った.

5　結果

（1）センター及び従事者の属性

回答があったセンター 23 か所の概要を Table 1 に示す.社会福祉法人が最も多く,当該センター運営を主たる社会福祉事業に加えた多事業運営の一部門として行う形態が大半を占めていた.そのため,多くのセンターで人事交流が行われており,人件費支出の平均は 80.7% であった.調整件数はセンター間で差が大きく,本来の業務である特別調整に加え,入口支援に取り組むセンターが多数であった.

センター従事者 79 名の属性は Table 2 のとおりである.正規職員が最も多い（69.6%）が,契約常勤も 24.1% を占めており,学歴は大学卒が最も多かった（75.9%）.家族の状況としては,既婚者は 62.2%,未就学児童をもつ割合は 21.5% であった.保有資格の種別は,社会福祉士が 55.7%,精神保健福祉士 17.7%,介護支援専門員 17.7% と,相談援助専門資格者が多く,教員免許保有者は 16.5% であった（述べ人数）.

Table 1　センターの概要

運営主体	
社会福祉法人	17
社団法人（一般・公益）	3
特定非営利活動法人	2
都道府県	1
人件費率（人件費支出／事業収入, 2016年度）	87.4%
最大値	123.6%
最低値	71.5%
法人内人事交流（異動の有無）	
あり	18
なし	1
回答無し	4
退職者数（2014-2016）	2.1
最大値	7
最低値	0
過去3年間の総調整件数（2014-2016）	139.8
最大件数	271
最低件数	43
うち特別調整	71.3
最大件数	165
最低件数	20
うち一般調整	9.1
最大件数	26
最低件数	1
うち入口支援	38.5
最大件数	152
最低件数	1

平均値, ％　N=23

（2）SRS-HS 及び JBS の尺度の分析, 尺度得点の算出

　JBS については久保（2004）の採点法に従って平均値で尺度得点を算出した（情緒的消耗感 α =.85, 脱人格化 α =.74, 個人的達成感の低下 α =.74）．また，個人的達成感の低下のスコアは逆転し，スコアが高くなるほど高いバーンアウトになるように変換し，それぞれの因子得点を合計してバーンアウト傾向得点を算出した．SRS-HS についても同様に井川他（2015）の因子構造に従って平均値を用いて尺度得点を算出した（対人報酬 α =.83, 経済報酬 α =.94, 成長報酬 α =.91,

Table 2　センター従事者の属性

年齢（歳）	44.9 ± 12.8	
性別		
男性	47	59.5%
女性	32	40.5%
終業形態		
正規職員	55	69.6%
契約常勤	19	24.1%
パートタイム	3	3.8%
学歴		
大学卒	60	75.9%
短期大学卒	5	6.3%
専門学校卒	4	5.1%
高等学校卒	8	10.1%
配偶者の有無		
あり	49	62.0%
なし	27	34.2%
未就学児童の有無		
あり	17	21.5%
なし	60	75.9%
保有資格（複数回答）		
社会福祉士	44	55.7%
精神保健福祉士	14	17.7%
介護福祉士	13	16.5%
介護支援専門員	14	17.7%
教員免許	13	16.5%
無資格	15	19.0%

平均値，％　N=79

社会報酬 a =.73，及び安定報酬 a =.54）．離職意図については3項目を平均して尺度得点を算出した（a =.92）．なお，SRS-HS のうち安定報酬の a 係数はやや低いものの，本調査では，多数の職種が本調査に参加していることからそのまま使用している．

（3）JBS と先行研究の比較

　Web 調査を用いて医師，看護師，介護福祉士それぞれ150人のバーンアウト

Table 3

	医師 Means（SD）	看護師 Means（SD）	介護福祉士 Means（SD）	センター従事者 Means（SD）
情緒的消耗感（JBS）	2.48（.94）	3.09（1.00）	3.14（1.07）	2.52（.91）
脱人格化（JBS）	2.08（.88）	2.34（.95）	2.54（.96）	1.84（.61）
個人的達成感（JBS）	3.14（.88）	3.52（.76）	3.48（.89）	3.37（.66）

調査を行った井川・中西（2019）の結果と本研究の結果の比較を Table 3 に抜粋する．JBS の尺度得点は，高いほどバーンアウト傾向が高いことを示すが，センター従事者においては，情緒的消耗感については医師と同程度の低位であり，脱人格化についても他の 3 職種に比べ低い水準である一方で，個人的達成感の低下は，介護福祉士と同程度に低い水準であった．

（4）離職意図及び SRS-HS における中点との比較

離職意図の中点（3）から平均の差を求めたところ，離職意図 2.04（$SD=1.20$）と中点よりも低位となった（$t（76）=-7.08, d=-1.14, p<.01$）．同様に SRS-HS の各因子得点の平均及び中点（4）からの差を求めたところ，対人報酬 5.22（$SD=1.20$，（$t（76）=13.62, d=2.20, p<.01$），成長報酬 5.94（$SD=1.35, t（78）=19.38, d=3.09, p<.01$），及び安定報酬 4.88（$SD=1.03, t（78）=7.61, d=1.20, p<.01$）は，中点よりもそれぞれ有意に高値を示した．また，経済報酬 3.07（$SD=1.35,（t（78）=-6.13, d=-.98, p<.01$）は，中点よりも有意に低値を示した．なお社会報酬 4.15（$SD=.80$）と中点との間には有意な差が認められなかった（$t（78）=1.62, d=0.26, n.s$）．

（5）JBS 及び離職意図に及ぼす SRS-HS の影響

バーンアウト傾向及び離職意図に対して主観的報酬が及ぼす影響について検討するために，離職意図及び JBS 尺度得点を従属変数とし，性別，年齢等の個人属性及び主観的報酬を独立変数とする重回帰分析（強制投入法）を行った（Table 4）．バーンアウト傾向と離職意図ともに年齢において有意な負の標準偏回帰係数が認められた．また，SRS-HS のうち，社会報酬がバーンアウト傾向，経済報酬が離職意図に対し，有意な負の標準偏回帰係数が認められた．

Table 4

	バーンアウト傾向得点	95% 下限	95% 上限	VIF	離職意図	95% 下限	95% 上限	VIF
年齢	-.28*	-.54	-.01	1.55	-.30*	-.55	-.05	1.43
性別（0: 男性, 1: 女性）	.14	-.09	.37	1.16	.06	-.16	.28	1.11
国家資格（0: 無, 1: 有）	-.09	-.31	.13	1.08	-.13	-.34	.09	1.07
配偶者（0: 無, 1: 有）	-.02	-.28	.24	1.51	.10	-.14	.34	1.38
未就学児童（0: 無, 1: 有）	-.10	-.39	.19	1.88	-.08	-.35	.19	1.71
対人報酬（SRS-HS）	-.07	-.35	.21	1.75	.07	-.20	.35	1.73
経済報酬（SRS-HS）	-.07	-.31	.17	1.29	-.47**	-.71	-.23	1.31
成長報酬（SRS-HS）	-.08	-.34	.17	1.42	-.14	-.38	.11	1.39
社会報酬（SRS-HS）	-.39**	-.66	-.12	1.61	.01	-.25	.27	1.52
安定報酬（SRS-HS）	-.08	-.30	.15	1.13	-.10	-.32	.13	1.15
R^2	.34**				.33**			

$** p < .01,$　$* p < .05.$

6　考察

（1）センター及び従事者の属性

　センターの属性及び規模をみると，人事交流，及び人件費率の高さから，全国的な傾向としては，複数の事業を有する社会福祉法人によるセンター事業の受託が主流であることがわかる（Table 1）．社団法人によるセンター単独事業の場合には，定額の補助金のみが事業収入となるため，それを超える予算を組むことができない状況となる．従事者の待遇改善，専門性向上のための教育，社会啓発といった事業発展のための支出等が難しい背景として，この要因があることが考えられる．また，従事者の学歴，及び保有資格をみると，大卒者が多く，ソーシャルワーカー国家資格等の保有者が多い．特に，社会福祉士国家資格を有する従事者が最も多かった（44 名，55.7%）．社会福祉士については，法令上役割とされている連携機能（社会福祉士及び介護福祉士法第 47 条）とセンターが担う司法と福祉をつなぐ役割との合致が，職能団体から指摘され続けてきた（日本社会福祉士会 2011）．現在，矯正施設においても社会福祉士の配置が

進んでおり（厚生労働省 2018），本研究結果からも，センター業務とソーシャルワークの親和性が示唆された.

　センター従事者の属性を，調査時点（2016 年度）の労働力調査における産業別「医療，福祉」のデータと比較すると，平均年齢 44.9 歳は年齢階層の最頻値「40〜44 歳」よりもやや高く，女性が多い医療福祉業界の全体のなかで男性が多いという特徴をもつことが分かる（総務省統計局 2017）. 刑法犯の女性比率は漸増し，現在は約 20% で推移している（法務省 2018）. 対象者の性別に対して，適切な支援体制を構築するという観点から，女性の雇用継続を阻害する要因について検討する意味がある. 本調査では，配偶者を有する者に比して，未就学児童を育てる立場の従事者が少なかった（Table 2）. 出産，及び未就学児童の養育は，特に女性の雇用の継続に影響を及ぼすライフ・イベントであるが，この時期を境に女性労働者の雇用継続率は低下する（内閣府 2018）. 但し，専門職，及び官公庁勤務者の就業継続率が極めて高いことが指摘されており（仙田 2002），育児資源の活用，休暇取得や勤務時間の柔軟性といった要因が女性の就業継続にとって重要であると報告されている（金井 2010）. 女性従事者の割合の低さ，及び未就学児童を養育するものの少なさは，センター業務とライフ・イベントの両立が難しい現状を示唆している.

（2）センター従事者の主観的報酬

　本研究における主観的報酬の各尺度得点と中点の差を確認すると，成長報酬，対人報酬，及び安定報酬は有意に高値であったが，経済報酬は低値であった. 成長報酬は，「新しいことを吸収できると感じる」，「成長につながると感じる」，「知識や技術の向上につながると感じる」，「自分自身のキャリアアップにつながる可能性があると感じる」といった質問項目からなる. 対人報酬は，「クライエントやその家族から感謝されることがある」，「必要とされていると感じることがある」，「笑顔を見ることがある」，「援助していて充実感を感じることがある」といった質問項目からなる. この二つの報酬が高値であることは，センター従事者にとって，当該職種が対人援助職ないし人間的な成長をもたらす仕事であると受け止められ，利用者からのフィードバックも十分に受けていることを示唆するものである. また，安定報酬は，「転勤（転居などを

伴うもの）の可能性が高い」，「解雇やリストラなどの危険性が高い」，「休みが保障されず休日出勤などの可能性が高い」，「他の職業と比べて残業が多い」といった質問項目からなる．福祉分野は，地域性が高く転居の必要性が低いと同時に，慢性的な人材不足により解雇等のリスクが低く，資格を所持していれば他事業への転職も比較的容易である．休日取得や労働時間の管理は他分野に比べて有利であるといった点からは，「限定正社員」（厚生労働省 2012）ともいえる雇用分野であり，この報酬が意味する内容においては，安定した職種であるといえなくはない．一方，序論で述べたように補助金事業によるため，センター従事者の身分保障上の安定性は低い．つまり，これらの安定報酬が，法人内の異動も含めた安定を指すのか，センター従事者そのものの身分保障，雇用の継続の安定性を意味するのかについては検討の余地がある．経済報酬は，「現在の収入は妥当だと思う」，「収入に満足している」，「十分な昇給が保障されていると思う」といった質問項目からなる．この報酬が低値であったことは，単に金銭的報酬が低額であるという解釈だけでは足りない．本職務は，触法者・刑余者の社会生活回復に向けた伴走型支援であり，困難事例，及び長期化する事例についても対応が求められる．本職務の質及び量と，金銭的対価が伴っていないことが示されている．

(3) 離職意図・バーンアウト傾向と主観的報酬の関係

　バーンアウト傾向のスコアは，情緒的消耗感や脱人格化について比較的低値であり，他の対人援助職に比べて特徴的な差は認められなかった．このことは，携わっている刑余者・触法者に対する援助的関わりが質的に担保されていることを意味する．一方で，個人的達成感の低下は，看護師，及び介護福祉士と同様に顕著に低いレベルであった．先行研究によると，個人的達成感の低下の要因としては，業務の質的負担，役割葛藤，役割の曖昧さ，仕事と家庭の葛藤，及び職場のサポート体制の未整備（板山他 2011; 古村他 2012 ; Travis et al. 2016）が報告されている．これらと比較すると，センター従事者の場合，有資格であり他職種への転職が容易であるにも関わらず評価と安定が伴わない，触法者・刑余者支援の社会的イメージが阻害し地域社会資源との連携が得られにくい，社会的に意義のある実践とはいえ成果が伴うわけではない，家族及び親

族の理解が得られにくい，といった課題が指摘できる．特に，センターによる支援の効果測定は，調整件数及び対象者が再び罪を犯さずに地域での生活を継続している割合をもって判断されているが，対象者の生活歴や犯罪傾向の進度は様々であり，アフターフォローの長期化及び件数の累積が著しい（法務省 2018）．個人的達成感低下の構造分析のためには，こうしたセンターが直面している環境的側面を踏まえて，更に検討が必要であるものと考えられる．

　本研究において，離職意図，及びバーンアウト傾向を抑制する要因として，離職意図においては経済報酬が，バーンアウト傾向においては社会報酬が抽出された．これは，Hertsberg（1996）の動機づけ・衛生理論を支持する結果である．井川ら（2015）は，経済報酬を，職務に関する衛生要因に位置付けており，十分に満たされていない場合には，離職などに不満足解消行動に結びつきやすい一方，十分に満たされているかといってモチベーションを高めるとは言えないと指摘している．Lambert et al.（2012）は，離職意図と負の関係にある要因として，年齢，任期，組織コミットメント，及び給与の満足度を挙げた．これらのことから，他のすべての報酬の中で唯一中点よりも低く見積もられているこの経済報酬を担保することが，離職防止，及びセンター従事者の長期雇用につながる可能性がある．但し，経済報酬の担保責任は管理者にのみ課されるものではない．Lin et al.（2019）は，離職率の高さが指摘される中国のソーシャルワーカーを対象とした調査研究において，離職意図と給与の相関関係を指摘しつつも，ソーシャルワーカーが支持的な労働条件を有していない限りにおいては，新しい雇用分野を求めて離職する可能性を示唆し，組織管理者のみならず政策立案者による法的保護の必要性について言及している．このことからも「社会的に支持された」労働として，刑余者支援を位置づける戦略的取り組みが求められる．以上の議論から，「社会的に安定した評価を受けていると感じる」，「他職種や同僚から理解，尊重されていると感じる」などの質問項目からなる社会報酬は，自らの職務が社会から支持されているかどうかの認識を測るものであるといえよう．社会報酬は，上述の動機づけ・衛生理論においては，動機づけ要因に位置づけられ，満足要因とも呼ばれる．満たされることがモチベーションを高める一方で，満たされなくても離職等の行動に直ちに結びつくわけではない．つまり，社会報酬は直接離職を防ぐことはできなくても，バー

ンアウト傾向を抑制し，センター従事者の支援の質の向上につながる報酬として機能することが予想される．

　離職意図，及びバーンアウト傾向の双方において抽出された年齢要因については，刑余者支援に限定されるものではない．藤野（2001）による社会福祉従事者 4,281 人を対象とした調査研究において，若年の社会福祉従事者の場合は，全般的にバーンアウト傾向が高いことが指摘されている．人生経験が豊かになることにより実践力が高まり，職務への関与が強まることが年長者の離職を防止すると考えるが，加齢によって代替的な雇用機会の選択肢が狭まるといった雇用情勢の影響も否定できない．若年の従事者の場合は，収入，ワーク・ライフ・バランスは当然重要であるが，社会的な評価・支持が不十分であれば，仕事役割と家庭役割とのコンフリクトが生じ，離職へとつながる可能性がある．離職し他分野で就労する社会福祉士等ソーシャルワーカーを対象とした調査において，社会的評価の向上や育児等のしやすい環境整備等が復帰条件として挙げられている（社会福祉振興・試験センター 2008）．そのため，経済報酬を施策によって担保することと併せて，仕事の意義や社会的評価にアプローチする啓発活動が必要であると考えられる．

（4）今後の研究課題

　本研究には以下のような限界ある．一点目は，全国 48 拠点に対して回答 23 拠点と半数にも満たない回答率であり，本研究の結果をすなわち地域生活定着支援センターの実態として一般化することはできないということである．なかでも運営法人の規模が様々であり，人件費率が 100% を超えるいわゆる「持ち出し」が可能である法人運営のセンターと，単独事業体のセンターの従事者を併せて分析している．大規模法人の運営により人事交流が活発なセンター，別々の法人からの出向型で専門職が組織されたセンター，従事者の労働契約が年次更新になっているセンターというように，運営体制が多様であるにも関わらず，訪問調査は数か所に留まり，全所を網羅できていない．二点目は，定量研究によるため，センター業務の質的負担の構造について定性的に検討できていないことである．本研究では，センター従事者の個人的達成感の低下が顕著であることが明らかとなった．センター業務の広範化による支援困難事例の増

加，アフターフォローの長期化及び累積といった環境的側面，従事する個々人の支援における価値観や成果の捉え方といった主観的側面等，様々な要因の影響が窺える．そのため，課題の明確化のためには，定性研究による補足が必要であると考えられる．

　しかし，それらの課題がある一方で，歴史的には創設後間もないといえる地域生活定着支援センターについて，その従事者の職業上の報酬と離職意図，及びバーンアウト傾向の関係について包括的かつ定量的に検討したことは，現代の社会福祉労働の特徴を捉え，共通課題を検討するものとして，一定の意義があるものと考える．

　センターは，地方公共団体直営の1拠点を除き，他は民間支援機関である．国内外の刑事政策，司法福祉の方向性を鑑みると，対象者と対等な関係性を築き，ニーズ・アセスメントを根拠とした生活支援を行う民間支援は，今後ますます要請されるものとなろう（河野ら 2016; 2017）．しかしながら，現状のようにセンター従事者の経済報酬が低位でありつづけ，再犯防止率等の成果によって補助金が傾斜配分されるような施策の方向性では，本研究で指摘した課題の解決にはつながらない．そして，行政の下請けの印象が拭えず，将来的には地位待遇の安定，職域拡大を求めるが故の「福祉の司法化」（水藤 2017）の危惧が顕在化することが予見される．司法化した地域生活定着支援が，果たしてソーシャルワーク専門分野として職業アイデンティティを確立できるのであろうか．センター従事者による支援は，民間篤志家によって切り拓かれた刑余者・触法者支援の歴史を踏まえ，社会防衛的な役割から自由であり，かつ専門性に見合った報酬が得られる福祉実践の専門領域として育てていかなければならい．

［謝辞］
　全国の地域生活定着支援センターによる実践に敬意を表するとともに，本調査に応じてくださったセンター管理者及び職員の皆様に，深く感謝を申し上げる．

　本研究は，JSPS科研費 JP15K04007「障害・高齢者の刑余者支援の支援体制・労働環境に関する研究」の助成を受けて行われ，関連するデータは日本司法福祉学会第20回全国大会（鈴鹿大会）で発表している．

[引用・参考文献]

井川純一・中西大輔・志和資朗（2013）「バーンアウト傾向の職種比較——仕事への情熱に着目して」『心理学研究』84（4），386-395.

井川純一・中西大輔・浦光博・坂田桐子（2015）「仕事への情熱とバーンアウト傾向の関係——報酬との交互作用に着目して」『社会情報学研究』20，29-42.

井川純一・中西大輔（2019）「対人援助職のグリット（Grit）とバーンアウト傾向及び社会的地位の関係——高グリット者はバーンアウトしにくいか？」『パーソナリティ研究』27（3），210-220.

伊豆丸剛史（2014）「刑事司法と福祉の連携に関する現状と課題について」『犯罪社会学研究』39，24-36.

板山稔・田中留伊（2011）「医療観察法病棟に勤務する看護師の自律性，ストレッサー，バーンアウトに関する研究」『弘前医療福祉大学紀要』2（1），29-38.

井口理（2016）「行政保健師の離職意図に関連する「仕事の要求」と「仕事の資源」：Job Demands-Resources Model による分析」『日本公衆衛生雑誌』63（5），227-240.

金井篤子（2010）「働く女性のキャリア・トランジション」『日本労働研究雑誌』52（10），44-53.

河野喬（2016）「障がい者福祉と触法障がい者の社会復帰支援——スウェーデンと日本の比較」『総合社会福祉研究』47，92-102.

河野喬・Gurvan MAILLARD DE LA MORANDAIS・道下整・田中洋子・井川純一・石倉康次（2017）「フランス非営利市民団体（アソシアシオン）による受刑者支援：Le Cimade Lorient の視察報告」『社会情報学研究』22，75-82.

久保真人・田尾雅夫（1994）「看護婦におけるバーンアウト」『実験社会心理学研究』34（1），33-43.

久保真人（2007）「バーンアウト（燃え尽き症候群）」『日本労働研究雑誌』558，54-64.

警察庁（2018）『平成 30 年版 警察白書：特集 近年における犯罪情勢の推移と今後の展望』URL：https://www.npa.go.jp/hakusyo/h30/index.html（2019.10.18 確認）

厚生労働省（2012）『「多様な形態による正社員」に関する研究会報告書』URL: https://www.mhlw.go.jp/stf/houdou/2r985200000260c2.html（2019.10.18 確認）

厚生労働省（2018）『社会福祉士の現状等（参考資料）』URL: https://www.mhlw.go.jp/stf/shingi2/0000194323_1.html（2019.10.18 確認）

澤田忠幸（2009）「看護師の職業・組織コミットメントと専門職者行動，バーンアウトとの関連性」『心理学研究』80，131-137.

清水裕士（2016）「フリーの統計ソフトウェア HAD：機能の紹介と統計学習・教育，研究実践における利用方法の提案」『メディア・情報・コミュニケーション研究』1，59-73.

社会福祉振興・試験センター（2008）『介護福祉士等現況把握調査の結果について』URL:https://www.mhlw.go.jp/bunya/seikatsuhogo/haaku_chosa/index.html（2019.10.18確認）

総務省統計局（2017）『平成28年 労働力調査年報』https://www.stat.go.jp/data/roudou/report/2016/index.html（2019.10.18確認）

全国地域生活定着支援センター協議会（2017）『平成29年度に向けた地域生活定着支援センターに関する要望書（厚生労働省・法務省）』http://zenteikyo.org/（2019.10.18確認）

仙田幸子（2002）「既婚女性の就業継続と育児資源の関係」『人口問題研究』58（2），2-21.

高橋有紀（2013）「1950年代から1970年代の更生保護制度における「官民協働」論の変容と継続」『犯罪社会学研究』38，138-152.

田尾雅夫(1989)「バーンアウト - ヒューマン・サービス従事者における組織ストレス」『社会心理学研究』4（2），91-97.

田島良昭・藤本哲也・山本譲司・清水義悳・高橋勝彦・酒井龍彦（2008）『罪を犯した障がい者の地域生活支援に関する研究』（障害保健福祉総合研究事業）URL: http://www.airinkai.or.jp/kenkyu_pdf/2008/2008_1/h19/01_tashima.pdf（2019.10.18確認）

内閣府（2018）『男女共同参画白書 平成30年版』URL：http://www.gender.go.jp/about_danjo/whitepaper/h30/zentai/index.html#honpen（2019.10.18確認）

日本社会福祉士会（2011）『地域生活定着支援センターの機能充実に向けた調査研究事業報告書（2011年3月）』（社会福祉振興助成事業），URL: https://www.jacsw.or.jp/01_csw/07_josei/2010/files/hokokusho/legalSW.pdf（2019.10.18確認）

浜井浩一（2011）『実証的刑事政策論：真に有効な犯罪対策へ』岩波書店．

藤野好美（2001）「社会福祉従事者のバーンアウトとストレスについての研究」『社会福祉学』42（1），137-149.

古村美津代・石竹達也（2012）「認知症高齢者グループホームにおけるケアスタッフのバーンアウトと個人特性と職場環境要因との関連」『日本公衆衛生雑誌』59（11），822-832.

法務省（2018）『平成30年版 犯罪白書：進む高齢化と犯罪』，URL：http://hakusyo1.moj.go.jp/jp/65/nfm/mokuji.html（2019.10.18確認）

水藤昌彦（2016）「近年の刑事司法と福祉の連携にみるリスクとセキュリティ（課題研究：犯罪社会学におけるリスク社会論の意義）」『犯罪社会学研究』41，47-61.

水藤昌彦（2018）「障害者福祉と刑事司法の連携：障害のある犯罪行為者への地域生活支援の国際比較（特集：障害者施策をめぐる課題）」『社会保障研究』2（4），525-539.

諸上詩帆（2009）「職場における上司の社会的パワーが従業員に与える影響に関する実

証的研究：上司の SPB 及び侮辱的管理が従業員の組織態度に与える影響」『横浜商大論集』43（1），187-209.

Hämmig, O., Brauchli, R., and Bauer, G. F.（2012）Effort-reward and work-life imbalance, general stress and burnout among employees of a large public hospital in Switzerland. Swiss Medical Weekly, 142, w13577.

Herzberg, F.（1966）Work and nature of man. Cleveland and New York: The World Publishers.（ハーズバーグ，F. 北野利信訳（1968）『仕事と人間性：動機づけ——衛生理論の新展開』東洋経済新報社.）

Lambert, E. G., Cluse-Tolar, T., Pasupuleti, S., Prior, M., and Allen, R. I.（2012）A test of a turnover intent model. *Adm Soc Work*, 36（1），67-84.

Lin, W., and Deng, M.（2019）Turnover intention predictors among social workers in China. *Asian Soc. Work. Policy Rev.*, 13（1），117-123.

Maslach, C., and Jackson, S. E.（1981）The measurement of experienced burnout. *J. Organ. Behav.*, 2（2），99-113.

Robbins, S. P.（1998）Organizational Behavior: Concepts, Controversies, and Applications, Prentice Hall, Englewood Cliffs, NJ.

Siegrist, J.（1996）Adverse health effects of high-effort/low-reward conditions. *J. Occup. Health Psychol.*, 1（1）: 27.

Travis, D. J., Lizano, E. L., and Mor Barak, M. E.（2015）'I'm so stressed!'：A longitudinal model of stress, burnout and engagement among social workers in child welfare settings. *Br. J. Soc. Work*, 46（4），1076-1095.

保護観察所におけるソーシャルワークの現状と課題

Current Status and Issues of Social Work in Probation Offices

鷲野明美*　渡邊隆文**　中村秀郷***

1　問題意識

　我が国では，現在，再犯防止に向けた施策に国をあげて取り組んでいるところである．この施策では，2016（平成28）年12月に施行された再犯防止推進法，そして，それをもとに2017（平成29）年12月に閣議決定された再犯防止推進計画に基づき，罪を犯した人や非行のある少年たち（以下，「罪を犯した人等」と表記する）が再び犯罪を犯すこと等を防止することにより，国民が犯罪による被害を受けることなく，安全で安心した暮らしができる社会の実現を目指している．

　その一環として，近年，我が国では福祉の支援を必要としている高齢者や障害者をはじめとする罪を犯した人，そして，非行を行った少年たちへの司法と福祉の連携による支援を推進している．これに伴い，司法分野においては，福祉的な支援を担うソーシャルワーカーとして，矯正施設に福祉職が配置され，検察庁では社会福祉アドバイザーの採用も行われているところである．一方，更生保護の領域においては，古くからこれら対象者に対する司法と福祉の連携による支援が行われており，その中核を保護観察所の保護観察官が担ってきた．このことから，我が国において，罪を犯した人や非行少年に対する司法と福祉の連携による支援を行うにあたっては，これまでに保護観察所の保護観察官が

* 日本福祉大学　** 健康科学大学　*** 法務省　名古屋保護観察所

行ってきた取り組みとそこでの問題点を学ぶことに大きな意義があると考える.

保護観察所におけるソーシャルワークの現状と課題に関する先行研究は,法務省保護局（2006）,日本社会福祉士会（2009）,三浦（2010）,中村（2016）など,これまで多数の論説,実践報告がなされている.

保護観察官を対象とする量的研究としては,法務総合研究所（1995）は全国の保護観察官を対象に処遇困難に関する量的調査を実施し,辰野・齋場（1995）は調査結果をもとに処遇を行う側の感覚から処遇困難性に関する分析を行い,処遇困難性を代表する指標（概念）として「対象者の性向・環境に問題がある場合」,「対象者の再犯危険性が高い場合」,「対応に際し,情報と行動の必要性が高い場合」,「対象者の反発感情が強い場合」の4つの因子を抽出している.また,保護観察官を対象とする質的研究としては,中村（2018）は保護観察所の保護観察官17名を対象にインタビュー調査を行い,保護観察官自身の語りから犯罪者処遇ソーシャルワーク実践で直面する12個の困難性概念を生成し,概念間の関係性から〈制度的・組織的限界へのストレス〉,〈対象者の言動へのストレス〉,〈生活環境への調整困難のストレス〉,〈処遇の行き詰まりへのストレス〉の4つのカテゴリーに収斂している.また,渡邊・鷲野（2019）は中央省庁である法務省保護局において更生保護に関する政策策定にも携わった更生保護官署勤務経験者3名を対象にインタビュー調査を実施し,テキストマイニングの手法により,中村（2018）の〈生活環境への調整困難のストレス〉をより詳細に「地域との関係性からの困難さ」の一端を「地域・関係機関との関わりからの困難さ」として明らかにしている.さらに中村（2019）は,保護観察官23名を対象にインタビュー調査を行い,保護観察官が直面する困難性への対処プロセスについて,〈保護観察官としてのアイデンティティーの意識〉,〈対象者との関係構築の姿勢〉,〈組織ライン・ピアによるフォロー〉,〈他機関との関係構築の姿勢〉,〈保護司との協働態勢の姿勢〉,〈処遇の展望化〉の6つのカテゴリーに収斂している.

しかし,これらの先行研究に関しては,辰野・齋場（1995）の量的調査は既に20年以上経過し,2008（平成20）年6月1日更生保護法施行で大幅な制度改革がなされたことから,現状とは大きく異なっていると考えられる.また,中村（2018）がM-GTAで明らかにした保護観察官の困難性概念及びカテゴリ

ーは，他の研究手法（量的研究，M-GTA 以外の質的研究など）による検証がなされておらず，仮説レベルの実践モデルの段階といえる．そのため，保護観察所におけるソーシャルワークの現状と課題を明らかにする上で，先行研究で示されている保護観察官が直面する困難性を何らかの形で検証していく必要性は高いと考えられる．

なお，筆者らは保護観察官を対象にそれぞれインタビュー調査を実施し，既に複数の論文を発表している（中村 2018，渡邊・鷲野 2019，中村 2019 など）．本研究の分析手法は渡邊・鷲野（2019）で用いたテキストマイニング手法と共通するため，「Ⅲ．研究方法」の記述は，概ね渡邊・鷲野（2019）から引用・参照していることをお断りしておく．また，本研究の調査対象者は中村（2018）及び中村（2019）の調査対象者とは全員異なっている．

2　研究目的

本研究では，保護観察所における保護観察官が行う罪を犯した人等の立ち直りを支える支援，すなわち保護観察所におけるソーシャルワークの現状と課題を明らかにし，我が国が取り組む様々な施策に一定の示唆を与えることを目的とする．

3　研究方法

（1）調査対象者（研究協力者）

調査対象者は，研究依頼を快諾していただいた保護観察官（元保護観察官含む）10 名である（表 1）．選定方法は，最初に筆頭著者の知り合いで社会福祉に造詣が深い保護観察官にインタビュー調査を実施し，そこから縁故法により，紹介を受けて対象者を拡大し，合計 10 名に実施した．

（2）調査期間

調査実施期間は 2018（平成 30）年 2 月から 2019（平成 31）年 3 月までであ

表1　調査対象者（研究協力者）

No	氏名	従事年数	No	氏名	従事年数
1	A氏	5年以上10年未満	6	F氏	20年以上25年未満
2	B氏	5年以上10年未満	7	G氏	20年以上25年未満
3	C氏	15年以上20年未満	8	H氏	30年以上35年未満
4	D氏	15年以上20年未満	9	I氏	30年以上35年未満
5	E氏	15年以上20年未満	10	J氏	35年以上

＊更生保護官署職員は，罪を犯した人等の支援を担う保護観察官だけでなく，犯罪予防活動，被害者等施策に従事する保護観察官，事務官など様々な職種の経験を経るが，これが保護観察官のソーシャルワークの意識に影響を与えているため，従事年数は更生保護官署入職以降の年数とした．

った．

（3）データ収集方法

　本調査では1名あたり50分から180分程度の個別インタビューによる半構造化面接を実施し，調査対象者の承諾を得てICレコーダーで録音し，逐語録を作成した．インタビュー内容は，①職歴の概要と保護観察業務を行った年数，②更生保護業務（特に，保護観察業務．以下同じ．）を行ったなかで困難に感じたこと，工夫してきたこと，③更生保護業務を行ったなかで問題だと感じたこと，④更生保護業務を行ったなかで，今後保護観察所や保護観察官として取り組む必要があると考えてきたこと，⑤その他，保護観察所や保護観察官が抱えている困難，今後の課題であると考えていることを，概ね項目の順序どおり質問しながら，調査対象者の話の展開に任せて聴き取った．なお，②③に関しては，主に保護観察対象者，その家族，地域住民，司法・教育・医療・福祉等関係機関との関わり，制度・政策面との関係等の視点からの回答を求めた．

（4）倫理的配慮

　本研究では，調査対象者に対して，データの扱い，個人情報の扱い，研究成果の発表等について，文書および口頭による説明を行い，インタビューを実施した．また，本研究は，健康科学大学研究倫理委員会の承諾を得た（承認番号

第 31・34・35・38・39 号).

（5）分析方法

　本研究では，得られたデータを意味のある段落ごとに分けたものを 1 件の分析単位として設定した．調査者の発言を削除し，指している対象が明らかな指示語（あれ，これ，他）の対象語への置き換え，明らかな間違いの修正，インタビュー対象者の口癖の修正を行った．上記の手続きによって得られた逐語録の中で，保護観察所における現状と課題に該当する内容を分析対象として形態素解析を行った．次に，全体像の把握のため頻出語抽出を行い，続いて 30 回以上出現する頻出語を対象にコレスポンデンス分析を行い，結果を解釈した．なお，テキストデータの内容分析は量的分析と質的分析とを往還的に用いることによって，解釈を相互に補完しながら深めることができる点が特色といえる．KH Coder は，多変量解析を用い分析者の持つ前提の影響を極力受けない形でデータを要約・提示することで，コーディングルールの作成によって「明示的に理論仮説の検証や問題意識の追及を行う」ことを目指して開発されたソフトウェアである（樋口 2014）．

4　結果

（1）頻出語抽出

　インタビューの逐語録の分析対象は 545 件であった．形態素に分解した結果，総抽出語 35,046 語，異なり語 2,550 語が抽出された．そのうち，「自分」「自治体」「部分」のような語り手によって意味が異なる語を除き，頻出上位 20 語（名詞，タグ）を示したのが表 2 である．頻出語の全体の傾向を確認したところ，「保護観察」「保護司」「福祉」「対象者」「地域」「ケース」「保護観察官」「更生保護」「社会」「本人」が上位 10 語を占めていた．

（2）コレスポンデンス分析結果

　抽出された語彙間の関連を検討するため，出現回数 30 回以上の 14 語に対してコレスポンデンス分析を行った（図 1）．保護観察所におけるソーシャルワ

表2 テキストマイニングによる語彙の抽出結果（頻出20語）

保護観察（188）	保護司（94）	福祉（82）	対象者（76）	地域（62）
ケース（61）	保護観察官（53）	更生保護（48）	社会（46）	本人（38）
少年（37）	障害（33）	家族（32）	機関（30）	医療（27）
薬物（26）	期間（23）	刑務所（22）	地区（22）	生活保護（21）
制度（20）	再犯（19）	学校（18）	感じ（18）	事件（18）

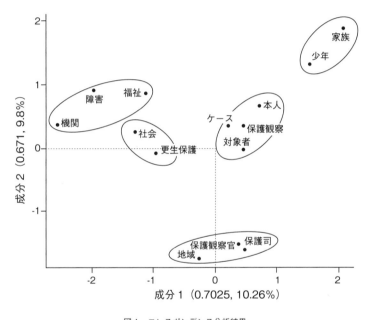

図1 コレスポンデンス分析結果

ークの現状と課題について，内容を考慮してカテゴリを○で囲み，近い距離に
布置されたカテゴリによって，①「家族」，「少年」，②「本人」，「保護観察」，
「ケース」「対象者」，③「社会」，「更生保護」，④「機関」，「障害」，「福祉」，
⑤「保護観察官」，「保護司」，「地域」の5個のグループが作成された．
　まず，「家族」，「少年」が集まって布置されており，これを「保護観察官が

少年と家族との関係により抱える課題」（グループ1）と解釈した．次に，「本人」，「保護観察」，「ケース」「対象者」のグループは「保護観察官が保護観察においてケースを担当する際の本人（対象者）との関係により抱える課題」（グループ2）と解釈した．そして，「社会」，「更生保護」のグループは「保護観察官が更生保護業務を推進するにあたり社会との関係により抱える課題」（グループ3）と解釈した．加えて，「機関」，「障害」，「福祉」のグループは「保護観察官が障害を抱える対象者を支援する際に福祉関係機関との関係のなかで抱える課題」（グループ4）と解釈した．最後に，「保護観察官」，「保護司」，「地域」のグループは「保護観察官と保護司が地域との関係において抱える課題」（グループ5）と解釈した．

5　考察

　分析で抽出された5グループの結果を基に考察を行った結果，以下の3つの課題が示唆された．

(1) 保護観察官が本人・家族との関係性のなかで抱える課題

　「対象者との関係構築が難しい．（中略）毎月の面接は保護司と行っており，（直接）担当ケース以外は面接自体数少ないので．」等との語りからは，保護観察官が対象者との関係性を構築することに困難を感じていることが見受けられた．また，「対象者自身の資質面の改善は困難である．」「犯罪傾向が進んでいるケース，これまでの成育歴等で本人の性格，認知，価値観がゆがみ，それが出来上がってしまっている場合には，それを変えるのが難しい．」「本人の資質面の問題から，逸脱行動にストップをかけることが難しい場合がある．」等の語りからは，対象者の資質面の影響から保護観察官の力量や創意工夫だけでは支援に限界があることが窺え，「保護観察官が本人との関係から抱える課題」と解釈できた．また，「家族が，本人が悪いことしたという事実を隠したり，もみ消す場合があり，このことが，本人の非行状態をどんどん増長させていくという状況がある．」「家族が，本人が事件を起こしたことを，隠す，薄々気付いていても，何も手を出さずに，何も言わずにそのまま事件発覚するまで

放置しており，介入できなかったことがある.」等の語りからは，家族の理解や協力を得られないがために困難を抱えていることが窺え，「家族との関係性のなかで抱える課題」と解釈できた．さらに「保護観察対象者に対してどこまで支援をしたらいいのだろうか」等という語りから，支援期間の制限がある中で支援のゴールを決めることに苦慮していることが窺え，前述の2つと合わせて，「保護観察官が本人・家族との関係性のなかで抱える課題」と解釈できた．

第1に，保護観察官が本人との関係性のなかで抱える問題として，次の点が考えられた．

保護観察官は，保護観察及び生活環境調整のケースなど，多くの対象者を担当しており，全ての対象者と頻回に面談を行うということは困難である．我が国の保護観察は保護観察官と保護司の協働態勢によって実施されているが，保護観察官自身が本人との接触を密に行い，関係性を構築することが望ましいという意見と，普段は地域で保護司に担当してもらい，問題が生じたときに保護観察官が対応する方法をとる体制が良いとの意見がみられた．どちらも本人の再犯リスクに気づき，早期に介入することの重要性は共通し，保護司や地域の関係機関等との連携の重要性を指摘していた．また，保護観察対象者が指導・助言を受け入れないこと，特に成人において資質面の改善が困難であること，保護観察官の指導に表面上は合わせているが心を開いていない状況に関する語りも見られた．このような状況では，対象者との関りで生活実態を十分に把握することは不可能であり，保護観察官は手厚い支援を行うにあたっての限界を感じていた．

第2に，家族との関係性のなかで抱える問題として，次の点が考えられた．

対象者は家庭環境に問題が見られ，家族に本人を支援する力がなく，非協力的ないしは無関心な家族，時には家族自体がイネイブラーである場合もある．保護観察官は，このような生活環境の対象者に対し，保護観察官と保護司による外部の力だけで改善更生に繋げることへの限界を感じていた．

第3に，対象者を支援する立場からの膨大な業務量との関係も含めて，どこまで支援を行う必要があるのか，行うべきなのかという点に悩んでいることが窺えた．

以上，保護観察官は，保護観察対象者への直接的な支援に加え，家族との関

係性を構築し，本人・家族を包括的に支援する立場にあることが明らかとなった．

(2) 保護観察官が福祉等の関係機関との間に抱える課題

「（中略）福祉事務所で福祉制度の利用について相談する際に，「保護観察所で更生緊急保護などによる支援を行えば良いのではないか．」と言われ，福祉制度を活用した支援を拒否されることが多い．」「本人がＡ市に住むことを希望しているためＡ市役所の福祉事務所等の窓口に行って相談すると，「過去にＢ市に住んでいたことがあるのだから，Ｂ市で相談しなさい．」と言われ，Ｂ市の福祉事務所に相談に行くと「Ａ市に住みたいのであれば，Ａ市で相談した方が良いですよ．」と言われ，そのことにより本人の意欲が低下してしまう．」「保護観察の対象者になった瞬間に，児童相談所が支援から手を引いてしまったケースを多く経験している．」「福祉関係機関の担当者より「保護観察になったんですから，保護観察所で面倒を見ていただく方が本人の立ち直りに良いと思います」と言われた．」等という語りから，地域の福祉機関の非協力的態度などに困難を感じていることが窺われ，「保護観察官が福祉等の関係機関との間に抱える課題」と解釈できた．

保護観察対象者や更生緊急保護対象者のなかには，高齢，障害など，福祉の支援を必要とする人たちがおり，福祉等の関係機関との連携が必要である場合がある．しかし，福祉事務所や児童相談所などは対象者の支援に消極的で，時には支援を拒否し，保護観察所での対応を求められる場合があるとの語りが多く見られた．また，保護観察を受けているが故にかえって福祉的支援を受けにくくなっているなど，生活保護制度などの福祉制度運用が法令通りに行われていないとの語りも見られた．さらに福祉の支援対象者が身柄拘束されたことで福祉が打ち切られ，その後保護観察になった際に支援を拒否する対応がなされたとの語りもあった．これらに加え，「更生緊急保護の対象者と一緒に福祉の窓口に行って，フォローしたいという気持ちはあるが，他の業務との関係で，同行するだけの時間をとることが難しい．」との語りもあり，時間的制約により支援ができないジレンマに関する語りも見受けられた．

以上，保護観察官は地域の福祉機関とのやりとりに困難を抱えていた．福祉関係機関が保護観察対象者や更生緊急保護対象者等も福祉的支援の対象である

という正確な知識を持ち，本来必要な支援を行うことが求められよう．従来のように保護観察官が個々に福祉機関と折衝を行うのではなく，再犯防止推進法，再犯防止推進計画の趣旨に沿って，再犯の防止等に関する施策の効果的な推進により，福祉関係機関全体への啓発・周知が必要と考えられる．

(3) 保護観察官が地域社会との関係において抱える課題

「地域住民の更生保護に関する理解が進んでいない．」「社会資源が少ない地域では，支援の内容が限られてしまう．」等という語りからは，保護観察官が地域住民の理解や，それを含む，地域の社会資源の乏しさのなかで困難を抱えていることが見受けられた．また，「保護観察対象者が学校で問題行動を起した際に，学校ではあまり対応することなく，すぐさま保護観察官や保護司に対して，「何とかしてください！」「何とかできないんですか！」と連絡が入る．」「（中略）少年が通っていた中学校の先生が「当該少年が学校に来るようになると，後輩に影響を与えるので，登校しないように指導してもらえませんか．」と，（中略）複数の先生が保護観察所まで相談にくることがあった．」という語りからは，少年の改善更生に対して地域の教育機関の理解を得ることにも苦慮していることが窺えた．さらには，「保護観察官は，社会内処遇，すなわち地域での処遇を行うと言われるが，保護観察所は県に一つしかなく，保護観察官は地域にいるわけではない．」という語りからは，保護観察官の担当地区が広く，担当件数も多いことから，地域との直接的な関わりがしにくい状況であることが伺えた．これらの現状から「保護観察官が地域社会との関係において抱える課題」と解釈できた．

また，先に述べた（2）にも関連するが，保護観察対象者等に対する地域の理解がなかなか得られないという語りが多く見られた．保護観察官は，保護観察担当件数も多く，それと同じ数ほどの生活環境調整も担当している．さらに担当エリアも広範にわたり，人事異動により長く同じ地域を担当することはない．地域で保護司，地域住民，関係機関と保護観察対象者の支援を行うといった地域づくりを行っている場面は限られている．地域が罪を犯した人等を支えることの重要性とその責任を意識し，地域づくりを推進することが求められるといえよう．

6 結論

　本研究では，保護観察官（元保護観察官含む）10 名を対象にインタビュー調査を実施し，逐語データをテキストマイニング手法で分析することにより，保護観察所におけるソーシャルワークの現状と課題を明らかにしてきた．また，調査分析過程を通して，辰野・齋場（1995）の量的分析及び中村（2018）の質的分析を検証することができた．

　本研究のコレスポンデンス分析結果から，(1) 保護観察官が本人・家族との関係性のなかで抱える課題，(2) 保護観察官が福祉等の関係機関との間に抱える課題，(3) 保護観察官が地域社会との関係において抱える課題の 3 つの柱が明らかになった．

　まず，(1) 保護観察官が本人・家族との関係性のなかで抱える課題は，中村（2018）が示した困難性カテゴリー〈対象者の言動へのストレス〉及び包含する概念〔資質面の問題・能力・理解不足への困惑〕〔拒否・反発・受け入れないことへの困惑〕〔粗暴な言動への怒り，恐怖〕〔逸脱行動への困惑，不安〕，カテゴリー〈生活環境への調整困難のストレス〉及び包含する概念〔保護者の対応への困惑〕を裏付けている．同様に辰野・齋場（1995）が示した処遇困難性因子「対象者の性向・環境に問題がある場合」「対象者の反発感情が強い場合」を裏付けている．

　また，(2) 保護観察官が福祉等の関係機関との間に抱える課題は，中村（2018）が示したカテゴリー〈生活環境への調整困難のストレス〉及び包含する概念〔関係機関の対応への困惑，失望〕を裏付けている．同様に辰野・齋場（1995）が示した処遇困難性因子「対応に際し，情報と行動の必要性が高い場合」を裏付けている．

　さらに，(3) 保護観察官が地域社会との関係において抱える課題は，中村（2018）が示したカテゴリー〈生活環境への調整困難のストレス〉及び概念〔関係機関の対応への困惑，失望〕を裏付けている．

　このように本研究は先行研究とは異なる視点で保護観察官の困難性を裏付けることができた．本研究は，保護観察所のソーシャルワークの現状と課題を明らかにすることで，我が国が取り組む様々な施策に一定の示唆を与えることが

できたと考えられる.

　本研究では，10名の保護観察官（元保護観察官含む）の協力を得て，各人のこれまでの実際の経験に基づいた体験を語ってもらった．インタビュー調査を通して，保護観察官が罪を犯した人や非行のある少年たち，そして，その家族を，保護司や関係機関とともに支えるにあたってそれぞれに強い信念を持ち，創意工夫しながら多くの困難を克服しながら取り組んでいることが窺えた.

　保護観察官は，クライエントとの契約に基づいて支援を行うものではないため，あくまで行政官としてソーシャルワークの知識・技術を用いる専門職であり，一般的なソーシャルワークと更生保護業務は完全に同一性があるものではない（中村2018:53）．しかし，本研究結果から，保護観察処遇自体がソーシャルワークと比較して遜色ない現状であることを保護観察官の多くの語りから導き出すことができた.

　今後は，保護観察官の実践現場における努力や創意工夫に加え，罪を犯した人等が暮らす地域の人たちが，罪を犯した人等もその地域でともに暮らす人たちであるという意識を持ちながら立ち直りの支援をするよう，地域の力を強めていく必要があると考えられる．保護観察官による地域への働きかけに加え，地域の関係者や関係機関自らの意識の改善が求められる.

　本研究の限界として，主に調査対象者の属性を考慮した分析を行っていない点を指摘することができる．具体的には，属性特有の困難さが存在するはずであるが，調査対象者のキャリア，すなわち地方更生保護委員会勤務経験の有無，更生保護法施行前・後の臨床現場経験の有無，採用試験（国家公務員採用試験，選考採用試験，法務省専門職員採用試験）の種別の違いを考慮したインタビュー調査をそもそも行っていない．業務・専門性に関する理解によって，発言の取り扱い，解釈の仕方が変わってくるが，これらの点が考慮されておらず，分析から捨象されている点が挙げられる．そのため，今後の研究課題として，保護観察官の属性を考慮した調査分析を行うことが挙げられる.

［謝辞］

　本研究にあたり，ご多忙ななかインタビュー調査にご協力いただいた調査協力者の皆様に感謝申し上げる．特に，最初に実施したA氏の調査によって，保護観察所のソーシャルワーク

を具体的にイメージすることができ，その後のインタビュー調査を有意義に行うことができた．深く御礼申し上げる．

本報告は，JSPS 科研費 15K03977（平成 27・28・29・30 年度文部科学省科学研究費（基盤 C））の助成を受け実施した研究「刑事司法におけるソーシャルワーカーの役割〜日・独・仏・瑞での取り組みから〜」の一部を含んでいる．

[文献]

藤井美和・李政元・小杉考司（2005）『福祉・心理・看護のテキストマイニング入門』中央法規出版．

樋口耕一（2014）「社会調査のための計量テキスト分析――内容分析の継承と発展を目指して」ナカニシヤ出版，17-19.

法務総合研究所（1995）「保護観察における分類処遇に関する研究」『法務総合研究所研究部紀要』38（1），161-84.

法務省保護局（2006）『更生保護のあり方を考える有識者会議（第9回）説明資料』

三浦恵子（2010）「更生保護と福祉との連携について」『更生保護と犯罪予防』152，190-218.

中村秀郷（2016）「更生保護領域のソーシャルワーク実践の困難性に関する一考察――刑務所出所者等の社会内処遇の困難性」『社会福祉士』23，12-9.

中村秀郷（2018）「保護観察官が犯罪者処遇ソーシャルワーク実践で直面する心理的ストレス――保護観察所の保護観察官へのインタビュー調査から」『社会福祉学』59（2），52-65.

中村秀郷（2019）「保護観察官がソーシャルワークで直面する困難性への対処プロセス――保護観察所の保護観察官へのインタビュー調査から」『社会福祉学』60（1），75-88.

日本社会福祉士会（2009）『刑余者の再犯防止等司法領域における社会福祉士の活動の可能性についての基礎研究事業報告書』．

辰野文理・齋場昌宏（1995）「社会内処遇における処遇困難性の構造」『犯罪社会学研究』20，日本犯罪社会学会，74-91.

内田治・川嶋敦子・磯崎幸子（2012）『SPSS によるテキストマイニング入門』オーム社

渡邊隆文・鷲野明美（2019）「保護観察官がソーシャルワーク実践で直面する困難さに関する一考察」――更生保護官署勤務経験者へのインタビュー調査のテキストマイニングによる分析から」『人間福祉学会誌』18（2），77-82.

家庭裁判所の試験観察における
身柄付き補導委託の特性と課題

——文献による探索的研究

Characteristics and Issues of Commissioning Correctional Guidance in Observations by
Family Courts in Custody Cases: An Exploratory Literature Review

田中教仁 *

1 問題設定

　家庭裁判所の試験観察における「補導委託」は，家庭裁判所調査官（以下，「家裁調査官」と記す）の調査，観察活動と並行して，「適当な施設，団体又は個人（これらを補導委託先という）」に少年の補導を委託することで，少年の動向を見守り，最終処分の見極めを行うものである．補導委託のうち，少年が補導委託先に宿泊しながら補導を受ける形態を，実務では「身柄付き補導委託」[1] と呼ぶ．

　2017 年の再犯防止推進計画では，犯罪をした者の再犯防止には社会における居場所と出番を作る必要があるとされ，民間の力の積極的な活用が求められている．特に可塑性が期待される少年の場合には，少年審判手続において社会内処遇の可能性について一層慎重な検討が求められよう．有用な社会資源を活用しながら社会内での少年の動向を見守る中間決定としての試験観察や身柄付き補導委託の重要性は増していると言える．

　しかし，身柄付き補導委託に付された少年の終局人員は減少傾向にある．司法統計によれば，1990 年度の一般事件[2] における身柄付き補導委託に付され

---

*家庭裁判所調査官

た終局人員が464人のところ，2016年度には107人にまで減少している．

　身柄付き補導委託が減少した要因として，佐藤・河野（2014）は，少年人口の減少に伴い，少年事件新受件数が減少したとする社会的要因，新受件数に占める年少少年（14〜15歳）の割合が多くなっていること等により，身柄付き補導委託に適した少年が減ったとする少年側の要因，受け皿となる補導委託先の減少や補導委託先の主幹者（受託者）の高齢化といった補導委託先の要因を挙げるほか，家庭裁判所側の要因として，裁判官や家裁調査官の経験の不足やノウハウの伝達不足から，身柄付き補導委託を選択することに躊躇があることを指摘している．これらの要因の解消のために，家庭裁判所では既存の補導委託先のサポートや新規の補導委託先の開拓等の取組を行っている．また，裁判官や家裁調査官といった家庭裁判所の関係者による補導委託先の実情紹介や実践報告が専門誌に多く掲載され，主に補導委託先がどのような場所で，何が行われているかという補導委託先の概要が伝えられている．その結果，2017年度に身柄付き補導委託に付された終局人員は206人，2018年度には同224人と増加傾向に転じたものの，依然として低調な状況に変わりはない．

　受託者がその実践を紹介した著書[3]は多数あり，そこからは少年の立ち直りに向けた受託者の並々ならぬ熱意の下で日々の補導が展開されていることや，その少年との関わりの一つひとつに明確な意図や目的があり，効果を挙げていることをうかがい知ることができる．代表的なものとして，補導委託先「仏教慈徳学園」の園長だった花輪（1992, 1999）は，物事に集中して取り組む持続性やそこから得られる達成感，自信を育むねらいとともに，自分を振り返る時間を与える「石磨き」の作業や，他者を思いやる気持ちや自身を顧みる姿勢を養う相互批判の場としての「異議あり」や「集会」等の独自の補導の実践方法を作り上げた．そして，少年の心の支えとして「内面に大切な人が宿ること」が必要だとし，昼夜問わず少年に関わり，家族全体で家庭的な生活を提供し続け，多くの少年を無事に卒園させている．一方，治療的里親でもあり，ファミリーホーム「土井ファミリーホーム」の代表である土井（2008, 2010）の著作からは，非行の背景に被虐待経験や発達障害を抱える少年について，その特性に応じた安定的で構造化された生活環境と専門的な関わりが必要であることを知ることができ，高度な専門性の下で補導が展開されていることが明らかにさ

れている．そして，「家庭」が有する時間と空間の連続性と，関わりの首尾一貫性と整合性といった各機能が少年ら子どもたちの安全を保障し，安心感を与えるとして，家族的ケアの重要性を指摘している．また，約30年にわたって多くの少年を預かってきた大畑（2018）も，同様に親代わりとして日常生活を少年と共に過ごすことを中心に据えつつ，生活習慣の改善から始め，徐々に地域の活動や就労等の社会参加を促していく過程を紹介している．

このように受託者が築き上げてきた補導の実践は，独自性が高く，専門的であるが，これまで実務的にも学術研究の領域においても，補導の専門性について踏み込んだ議論はなされていないと思われる．裁判官や家裁調査官の身柄付き補導委託の選択の躊躇は，補導委託先の補導の内容やノウハウの伝達不足だけでなく，その効果や意義への懐疑があるからではなかろうか．

これまで補導委託の先行研究等をレビューしたものに，山崎・北林ほか（2007）の論考があるが，対象研究等が限定的であり，身柄付き補導委託に関する研究等の到達点が明らかにされていないという課題がある．そこで，本稿では，身柄付き補導委託の先行研究や文献資料をレビューすることにより，身柄付き補導委託の特性や効果に関する現在までの知見を確認し，身柄付き補導委託の実務的課題及び研究課題を明らかにすることを目的とした．

なお，本文中の意見にかかる部分は筆者の私見である．

2 研究方法

研究対象文献の選定に当たっては，一定の網羅性の担保と恣意性の排除に留意し，三つの段階を踏んだ．最初に，CiNii（NII学術情報ナビゲータ〔サイニィ〕）を用い，「補導委託」をキーワードにして文献を検索した（最終アクセス2020年4月25日）．次に，検索された40の文献を精読し，本研究の目的から外れる短期補導委託及び社会奉仕活動を行う補導委託に関する文献，補導委託先での事故に関する裁判の解説，海外の補導委託制度の報告，補導委託に関する通達及び関係機関委託講習の実施要領を除外した．さらに，山崎・北林ほか（2007）のレビュー論文で取り上げられている身柄付き補導委託に関する研究3本[4]を加えた．

これらの選定作業の結果，30 の文献を研究対象文献とした．

3　結果

　選定された研究対象文献は，裁判官及び家裁調査官といった家庭裁判所関係者（以下，「家裁関係者」と記す），受託者，研究者といった著者の属性別に，研究論文，実務ノート（実践報告，実情紹介），記録（座談会の議事録，講演録）に分類でき，表 1 のとおり整理した結果，①身柄付き補導委託の中間決定としての特性，②受託者が行う補導への着目，③家裁調査官の調査活動への着目といったテーマが抽出された．

（1）身柄付き補導委託の中間決定としての特性について

　身柄付き補導委託の性質について論じている 3 本の研究（井上 1983，川口・秦ほか 2001，佐藤・河野 2014）は，いずれも補導委託が保護処分の見極めのために行われる中間決定であることを確認している．井上（1983）は，旧少年法の規定との関連において，現行少年法が旧少年法にあった保護処分としての補導委託を認めていない以上，処遇を目的とした補導委託の選択は認められないと述べ，佐藤・河野（2014）においては，さらに踏み込んで，現在の補導委託制度が旧少年法上の仮処分制度をルーツとすることを明記して，中間決定であることを強調している．補導委託は試験観察の付随的措置の一つであるから，これが中間決定であるのは当然である．なぜ，性質論として改めて補導委託が中間決定であることを確認するのかと言うと，補導委託と保護処分との区別を明確にする必要があるからであろう．それは，補導委託には，保護処分と同一視される誤解が生じるおそれがあるように，本来的に少年の更生に資することを目的とした積極的かつ専門的な教育的な働き掛けが予定されていることを意味するものでもある．

　身柄付き補導委託が中間決定であることの構造と機能を考察した中園（1996）は，中間決定の特性を「中間決定性」と呼んだ．そこでは，単に最終的な処分決定を留保し，保護処分の見極めを行うという中間処分としての意味だけでなく，中間決定によって生じる少年への心理的規制の効果，微妙な立場

表1　各研究等の概要

身柄付き補導委託の性質に言及したもの	

種別	タイトル／著者／属性	結果
研究	「補導委託をめぐる法律上の問題点に関する一考察」井上哲男（1983）／家裁関係者	受託者の補導には、少年の性格等の改善を目的にした働き掛けは予定されていない．矯正教育的効果は、結果に過ぎないとし、受託者には、適当な衣食住を提供し、非行を誘発するような生活の乱れが生じないように生活指導を施すことが求められるとしている．
研究	「補導委託の運用について」川口宰護・秦稔幸・尾崎敏子（2001）／家裁関係者	保護処分の見極めという試験観察の目的を確認するも、補導委託を「民間人の活動を取り入れ、保護観察とは違う事実上の社会内処遇」と位置付けている．ただし、受託者については、「少年の更生への熱意と意欲を有するが、民間人であり、非行臨床の専門知識を持っていないのが普通である」と位置付けている． 家裁調査官の診断的アセスメント活動への偏重を問題視し、家裁調査官が行う委託中の少年への関わりやすさの効果について、事例を用いて詳述している．また、職業補導を行う在宅補導委託の可能性に言及している．
研究	「身柄付き補導委託の意義と今後の課題について」佐藤傑・河野郁江（2014）／家裁関係者	社会内処遇の可能性を探る試験観察の目的を強調し、補導委託をそのための「試薬」と位置付ける．補導そのものが目的になることを否定しているが、受託者に対しては、熱意、資源、家庭的雰囲気、人徳を活かして、生活指導や職業補導をすることを期待している． 補導委託の減少の一因として、裁判官や家裁調査官の経験不足、ノウハウの不足を挙げ、補導委託先の情報の共有や家裁調査官が補導委託を担当することの負担感の軽減を図る必要を提唱している．補導委託決定前の家裁調査官のアセスメント活動が詳述されている．

身柄付き補導委託の構造と機能に言及したもの	

種別	タイトル／著者／属性	結果
研究	「補導委託の運用についての一考察」星野欣生・岡武夫・西上裕司（1969）／家裁関係者	補導委託に特有の「少年−受託者」「受託者−調査官」「調査官−少年」という三種の関係性に着目し、各関係性の特性を整理し、情緒的結び付きを中心とした信頼関係の構築を前提に、各関係の形成パターンを示した．
研究	「『補導委託』研究−非行少年処遇における民間ボランティア活動の評価」井上公大（1976）／家裁関係者	一少年一家庭の形式で補導委託を行う組織化された農家集団の実践を調査し、成果を上げている受託者の条件を分析した．効果をあげている補導委託先には、制度的条件、（塀の無い隔離、非権力的関係構造）、自然的条件（心理的隔絶感、カタルシス効果、自然の摂理）、人間関係的条件（人柄、家族の待遇、相互扶助的関係）、好amな地域環境があることを指摘した．
研究	「補導委託−少年援助のための構造活性化」中園武彦（1996）／家裁関係者	補導委託の「中間決定性」「葛藤及び誘惑からの隔離化」「新たな援助者の存在」という構造を示し、その構造の機能を家裁調査官の活動によって活性化することにより、少年の自己洞察の深まりや保護者との関係の再構築が図られるという委託の効果を指摘している． 補導委託の効果が増すためには、家裁調査官による「少年の心情支持」「関係者のネットワーク形成」「少年と保護者の関係の仲介」「問題パターンの再現への対処」が必要である．
研究	「補導委託から考える」和田秀樹（2000）／家裁関係者	家裁調査官が受託者に、受託者と少年の関係についてのコンサルテーションを行うことを提唱している．家裁調査官が有する「権威」という専門性を、必要に応じて、受託者の補導の中で活用する．
研究	「補導委託について」齋藤隆広（2017）／家裁関係者	裁判官の立場から、主に初めて少年事件を担当する裁判官に対し、補導委託の積極的な活用を促している．これまでの各論考をまとめ、補導委託の現状や補導委託先の類型を概説している．裁判官についても補導委託に関するノウハウや経験を共有する必要を指摘し、事例を用いながら、どのような場合に補導委託を選択するかについて、「従来の保護環境から切り離すことを目的とする場合」「不良仲間から切り離す必要がある場合」「補導委託先の指導力を積極的に活用する場合」「人間性を涵養し、社会の一員としての自覚を促すことを目的とする場合」「帰住先の調整を目的とする場合」「少年院仮退院後の軽微な再非行で、再度の少年院送致がためらわれる場合」に整理している．

受託者の実践に着目したもの	

種別	タイトル／著者／属性	結果
研究	「補導委託制度の現状と課題」菊田幸一（1976）／研究者	委託中、あるいは委託の経験のある少年らのインタビューから、食事、生活環境が劣悪、受託者の体罰がある、作業報酬が不適切で労働力の搾取がある、受託者の教育的働き掛けがなく、委託費稼ぎと言われても仕方がない状況がある．少年らは受託者への感謝、尊敬の念を有していない、期待される家庭的雰囲気に委託先間の差がある等、当時の補導委託制度の問題を指摘した．単に短期少年院と保護観察の間を埋めるものではない「専従のケースワーカーがいる社会内処遇」としての補導委託を提唱している．

47

研究	「非行少年に対する社会内施設と市民参加－身柄付き補導委託の回顧と展望」守山正（1991）／研究者	拘禁施設でもなく、家庭環境でもないという「第三の処遇の場」としての補導委託の中間性を指摘している。人的物的資源の多様性や、時間・空間的制約のない活動の柔軟性、自発的熱意や信念の投入などの順機能的側面を補導委託の民間性に認め、全人的接触を踏まえた昼夜を問わない全生活の継続指導、予断や予見を排した審判資料の収集、公的職員よりも少年の警戒心が和らぐことによる処遇効果を挙げている。
研究	「補導委託における補導の現状－少年補導施設の専門性と多様性」麦倉哲（1986）／研究者	4箇所の「補導委託施設」の受託者のインタビューを基に、補導委託先の有する専門性と多様性について指摘している。専門性として、①生活環境の変化、②規則正しい生活、③受託者と少年の関係、個別指導、④積極補導、⑤補導の目標を挙げている。また、各補導委託先に期待される多様性として、①規模、補導態勢、②生活環境（周辺環境と設備内容）、③対象とする少年、④補導の具体的内容の4つの項目を挙げている。
研究	「補導委託所における読書療法集団化の試みについて」大神貞男（1972）／家裁関係者	ある補導委託先で、当時行われていた読書感想文を用いた指導の経過と効果について報告されている。
研究	「補導委託としての更生保護会－その活用の実情と期待」有田禎宏（1983）／家裁関係者	補導委託先としての更生保護施設には、①生活援助機能、②生活訓練機能、③環境調整機能があると指摘している。少年院からの仮退院後、新しい生活環境に適応できないうちに再非行した少年で、できれば今一度社会内処遇で更生を図りたい場合に、補導委託先としての更生保護施設が活用されるとしている。同施設での補導委託は、就労して自立する意欲を有する少年が適しているが、自立する意欲が低く、協調性や自律性も育っていないという昨今の少年の特徴を踏まえ、②の機能の充実が求められると指摘している。
実務ノート	「神戸家庭裁判所における補導委託の実態について」平山忠男（1963）／家裁関係者	神戸家裁では、昭和34年から昭和37年までの4年間で年平均147人が委託されており、当時の補導委託の積極的な活用がうかがえる。補導委託のねらいとして、地域環境から隔離し、交友関係の調整のため活用されることが多いと述べられている。
実務ノート	①「石を磨く－補導委託で意志を磨く」②「補導委託『試験観察』での実践と少年たち」花輪次郎（1991）（1995）／受託者	石を磨く作業が有名な専従型と呼ばれた補導委託先の受託者の論述である。受託者は、自分の心の中に支えとして住む人が多いほど、困難や葛藤を乗り越えることができ、豊かな人生を送ることができるという哲学を有し、「大人も一緒に苦労する」、「一日も休まない愛の実践」、「利害得失を超えて、人を愛するモデルになる」ことを体現している。石磨きをはじめとする委託先での生活の中で、少年は自分の意志を見つめ、自分の再発見、失敗と工夫、悩みの克服、発見、助言、達成、喜び、成果評価、自分にもできるという経験を得るとする。受託者自身は、確実に少年が変わり成長していく姿に喜びを感じ、それに接することが生き甲斐であると述べている。
実務ノート	「補導委託を実施するための工夫について補導委託先の情報を知ること」東京家庭裁判所少年部補導委託業務運営委員会・横浜家庭裁判所少年部補導委託係担当者（2012）／家裁関係者	家裁調査官が受託者・補導委託先のことを知らないことが、補導委託実施件数の減少の一因とし、委託先のタイプを①生活指導型（専従型）、②職業補導型、③外勤型に分け、それぞれ受託者の著作や委託先の日課等を挙げて、実情を紹介している。どのような場合に補導委託が考えられるかについては、「自立の準備をさせたい」「再収容の見極め」「地元から切り離したい」「保護環境からの切り離し」「家庭的な関わりが必要」「更生意欲の高まりを認める場合」としている。家裁調査官には、受託者への必要な情報の提供、定期的な訪問による情報共有、問題発生時の即座の対応が求められ、少年に対してはルールへの指導、モチベーションの維持が期待され、保護者には受入れ態勢の整備に向けた働き掛けが求められる。
実務ノート	「名古屋家庭裁判所の補導委託の実情について」名古屋家庭裁判所補導委託係（2016）／家裁関係者	同庁が登録する委託先を紹介している。委託先を①生活指導型、②職業補導型、③外勤型に分けている。紹介されている更生保護施設における働くための円滑な対人関係スキルや将来設計を養う力に関する指導、女子専用の自立援助ホームの日課と支援の実際が紹介されている。自立援助ホームを退所した少年が連絡をしてきたり、行事に家族を連れて参加するという「実家」的機能に着目している。
実務ノート	「鹿児島の補導委託－短期間の身柄付き補導委託の取組を中心に」鹿児島家庭裁判所少年係調査官室（2017）／家裁関係者	これまで長期の身柄付き補導委託を実施してきた補導委託先での、短期間の身柄付き補導委託の実践を紹介している。①知的障害者福祉施設、②農業従事を含む自然体験施設での事例を紹介し、共感性や自主性、自己有用感の涵養、自分のことや事件のことを見つめ直す、人とのつながりや感謝される経験を得るといった効果や経験を報告している。

48

種別	タイトル／著者／属性	結果
実務ノート	「医療機関を併設する施設における補導委託の取組について」児玉隆治・水野淳一郎・古積辰次郎（2018）／受託者・家裁関係者	医療機関を併設する滞在型教育施設における補導委託の実践を紹介している．精神科医や精神保健福祉士等の専門スタッフが常駐する補導委託先ならではの一貫性のある働き掛けにより，少年が①「生きづらさ」をキーワードに，引きこもりや不登校等の問題を抱える入所者との結び付きを強めることや，②これまでの交友関係や，自分を見つめ直す姿が描かれている．どのような場合に補導委託が考えられるかについては，「非行集団から距離を置く場合」「病理家族から距離を置く場合」「精神科医療併用の必要性がある場合」としている．
記録	「ケース研究『少年院仮退院後の再犯により補導委託に付されたケース（座談会）』」東京家庭裁判所（1987）／家裁関係者	裁判官，家裁調査官，受託者，保護観察官，鑑別所技官が出席し，一つの事例を時系列に沿って検討している．その中で，昭和55年に制定された通達「補導委託の運営について」に触れ，補導委託先の適格性の審査や登録制の導入等により，補導委託制度の運用の安定性が図られたことが指摘されている．
記録	「座談会『補導委託の歩み』」東京家庭裁判所（1988）／家裁関係者	家裁創設40周年を前に，創設期から補導委託を引き受けてきた5名の受託者の参加を得て，日々の補導の様子や補導委託の効果，やりがいなどが語られている．制度の歴史的変遷や，保護処分の整備の変遷と絡めて，各受託者の補導委託に関する考え方が示されている．
記録	「座談会『補導委託の実情と課題‐補導委託の更なる充実のために‐』」最高裁判所事務総局（2005）／家裁関係者	補導委託の重要性を確認し，充実活性化する必要性から座談会が企画されている．6名の受託者が「最近の少年について」「保護者，親子関係について」「家族の一員として少年を迎え入れること」の苦労とやりがい」「関わり方のコツ」「少年が変わるとき」「職業補導を通して」の各テーマで補導の実践を語っている．各受託者の補導委託に対する考え方や関わり方のノウハウが豊富に記載されている．
記録	「補導委託の持つ力－補導委託者河野征夫氏の取組から」窪田正彦・廣安龍二（2008）／家裁関係者	受託者河野氏の講演をまとめたもの．河野氏は，職業補導を，スキルの習得ではなく，仕事をするということを理解するようになることに力点を置いている．少年の外見等の先入観にとらわれず，一人の社員として受け入れるとしている．衣食住の重要性を説いており，朝食を残す少年は生活が不規則になっているサインである，たまの外食は少年を饒舌にさせ距離が縮まる効果がある．寮の部屋の使い方を見て，整理整頓が過ぎるとまだ緊張しており，一方で自分なりにコーディネートをして「自分の部屋」にするようになってくると居心地の良さを感じ，落ち着いてきたことを見抜く等の示唆は，経験に裏打ちされた専門的な着想である．
記録	「座談会　補導委託について」鹿児島家裁・少年友の会（2013）／家裁関係者	知的障害者施設，農業就労支援施設，農業，農作物の宅配業を営む3名の受託者を招き，裁判所職員や少年友の会会員と共に座談会を開催したものである．若い家裁調査官の補導委託の経験が乏しいことを危惧し，一つの事例のケース検討を中心に，各受託者に補導の実践を紹介してもらっている．また，家裁調査官が「帰住先の調整が必要」「地域からの切り離し」「受託者の積極的な補導に期待する場合」「再収容の必要性の見極め」「在宅試験観察からの切り替え」といったねらいで，身柄付き補導委託を検討している旨が述べられている．

家裁調査官の実践に着目したもの		
種別	タイトル／著者／属性	結果
実務ノート	「補導委託における家裁と学校の協力‐タケオの事例から」(1)，同(2)関谷一朗（1980）／家裁関係者	卒業を数か月先に控えた中学生の少年が自動車板金業を営む個人事業主の受託者に補導委託され，無事に卒業する事例が紹介されている．昭和55年3月当時，東京家裁及びその周辺庁が共同利用する補導委託先に委託されている中学生が計24名いたことが記されている．
実務ノート	「東京家庭裁判所における補導委託について」尾﨑敏子（2001）／家裁関係者	補導委託を「官民一体の少年更生プログラムの一つ」と位置付ける．補導委託先を，受託者が補導委託業務に従事している「専従型」，受託者が住み込み従業員のような形で少年を受け入れ，職業補導を中心に行う「職業補導型」，補導委託先を生活基盤にして外勤先で就労し，自立する力を養う「外勤型」に整理している．家裁調査官の役割として，決定後の補導委託先への同行，月1回以上の委託先訪問による少年，受託者との面接，保護者に連絡し，面会を促す等があることを挙げている．
研究	「非行少年の対象関係をめぐる一考察－補導委託を行った事例から」佐藤克（2006）／家裁関係者	在宅試験観察並びに補導委託の過程の中で，少年の対象関係について考察し，そこでの家裁調査官の関わりについて論じている．家裁調査官の活動として，月1回の補導委託先における少年との面接，月2回の少年からの面接，電話による近況報告をとおして，少年の自己洞察を促し，少年が家族とのつながりを促す働き掛けが描かれている．また，補導委託先には，抑うつ的な心の痛みに直面する少年をほどよく抱える機能（holding enviroment）があることを指摘した．
研究	「試験観察・補導委託論」山﨑朋亮・北林悟・神谷健・本多洋史・大原健功・野上奈生・太田直道（2007）／家裁関係者	後半部分に家裁調査官が著した補導委託に関する研究等のレビューがある．昭和55年の通達制定及び平成9年の通達の全部改正を基準に，これらの前後の研究等の内容について概観している．試験観察，補導委託に関する文献が列記されている文献一覧は参考になる．

ゆえに生じる不安や緊張，孤独といったネガティブな側面，これを乗り越えることでの少年の自信の回復や更生に向けた動機付けの強化といった効果があることが確認されている．

　また，少年が家庭を離れる一方で，収容処遇とも違う場所で生活するという身柄付き補導委託の構造的特徴を，在宅保護と収容処遇の「中間性」として指摘する研究もある（井上 1976）．「塀のない隔離」が少年の補導委託先からの逃走の誘惑を生む一方で，その誘惑を乗り越えることで少年の更生意欲が高まる効果（井上 1976）や，家族との葛藤から離れ，地元の不良仲間と距離を置き，生活を立て直していく「葛藤的関係や誘惑的関係からの距離化」（中園 1996）といった効果が明らかにされている．

（2）受託者が行う補導への着目
①身柄付き補導委託制度における補導の位置付け

　前節で身柄付き補導委託の中間決定としての特性が確認されることで導出された，もう一つの特性である補導の教育的機能については，身柄付き補導委託制度全体における補導の位置付けに関する議論へと発展している．

　井上（1983）は，あくまで補導委託の目的が最終的な保護処分の見極めにあることから，少年の問題性の改善を補導に期待して，補導委託が選択されることは望ましくないとする．補導による少年の問題性の改善は「結果的」なものであり，補導には，少年の更生に適した衣食住の環境の提供と，そこでの生活の安定に向けた生活指導が求められるとする見解を示した．川口・秦ら（2001）は，補導委託を民間人の活動を取り込んだ保護観察とは異なる事実上の社会内処遇であると言及しつつも，受託者は非行臨床の専門的知見を必ずしも有しておらず，身柄付き補導委託の効果を発揮するための家裁調査官の役割を重視する立場を示している．

　佐藤・河野（2014）は，受託者による補導の効果に期待しつつも，身柄付き補導委託が中間決定であることを強調し，補導を，試験観察をより効果的に行うための「試薬」と位置付けている．補導は，保護処分の見極めの必要範囲内で行われるべきで，井上（1983）と同様，処遇選択の場面で補導自体が目的とならないようにする必要があると述べている．

このように，補導の性質論の展開からは，補導委託が中間決定であることが強調される一方で，補導の教育的機能を正面から取り扱わない家庭裁判所の姿勢が確認できる．

②補導の機能及び実践に関する研究動向

麦倉（1986）は，受託者の補導には，物的人的環境や補導内容等の多様性とともに，専門性があるとし，その専門性の内容として，受託者は補導哲学とも言うべき理念に基づき，従前の生活環境から切り離すという物理的効果以外にも，受託者による帰住先の調整や保護者に対する指導が行われていることや，規則正しい生活の実現のために，きめ細やかな日課や休日の過ごし方を含む1週間のスケジュール，年中行事が意図的に組み立てられていること，個別的，積極的な補導（生活補導，職業補導，学科補導）が展開されていることを明らかにした．多数の少年の受入れを可能とする施設（団体）の受託者のインタビューを基にした言及ではあるが，規模の大小を問わず，現在の補導委託先の実践にも共通する補導の各機能が示されている．

受託者の民間人であることの特徴については，守山（1991）が人的物的資源の多様性，時間・空間に制約されない活動の柔軟性，昼夜を問わない全人的接触の下で行われる予断や偏見を排した少年への対応，そうした対応に少年の警戒心が和らぎ，問題性の改善が促進される効果等を指摘した．

他方，家裁関係者による受託者の補導に関する研究は，一家庭一少年の身柄付き補導委託を受け持つ農家集落の実践[5]の研究（井上 1976）や，身柄付き補導委託先にもなっている更生保護施設の機能に関する研究（有田 1983）があるが，補導の機能や実践の一般性に着目した研究は見当たらなかった．

③家裁関係者による補導への着目

家裁関係者の多くは，実務ノート及び記録において，補導に着目している．これらは，受託者の補導として，「何が行われているか」を知る上で有用である．

各家庭裁判所が登録している補導委託先に関する実務ノートからは，補導委託先の日課や，そこでの少年の生活の様子を知ることができる．また，各補導委託先の特徴を踏まえ，同所への補導委託が適した少年についての考察や，補

導委託における家裁調査官の調査活動の在り方にも触れられており，補導委託の経験が少ない家裁調査官等を念頭に置いた論述となっている（東京家裁少年部補導委託業務運営委員会・横浜家裁少年部補導委託担当係 2012，名古屋家裁補導委託係 2016）．ほかにも，医療機関を併設する補導委託先の実践報告（児玉・水野ほか 2018）や，これまで 3，4 か月程度の身柄付き補導委託を実施することが多かった補導委託先において，数日から数週間といった短い期間の身柄付き補導委託を行う運用の紹介もあり（鹿児島家裁少年係調査官室 2017），身柄付き補導委託の新しい形態としての可能性や，補導委託先の新規開拓の可能性が示されている．

　一方，座談会や講演録等の記録からは，特に少年と起居を共にする受託者ならではの鋭い観察眼や，細やかな少年への配慮，働き掛けの具体的な内容を知ることができる．また，各受託者のコメントからは，受託者がどのような補導の意図やねらいを持って，具体的な指導や助言を行っているかをうかがい知ることができる．

（3）家裁調査官の調査活動への着目
①家裁調査官の調査活動の各機能の重点の置き方の違い
　身柄付き補導委託の性質について論じる二つの研究（川口・秦ら 2001，佐藤・河野 2014）では，身柄付き補導委託における家裁調査官の調査活動の重点の置き方に相違が見られた．すなわち，補導委託を事実上の社会内処遇とみなすが，受託者には非行臨床の専門的知見が乏しく，その処遇効果の発揮について家裁調査官の役割を重視する川口・秦ら（2001）の研究では，補導委託開始当初の少年が補導委託先に定着することを目標にしたかかわりから，補導委託先への定期的な訪問による少年との面接や受託者のフォロー，受託者と協力して問題を起こした少年への対処，補導委託の終了に向けた保護者との協議など，補導委託の決定から終了までの一連の家裁調査官の教育的な働き掛けやプロベーション機能の発揮が中心的に記されている．同じ時期の佐藤（2006）や尾﨑（2001）の論考も，同様に家裁調査官の教育的な働き掛けが詳述されている．

　一方，補導を，試験観察を効果的なものにするための「試薬」と位置付ける佐藤・河野（2014）は，審判で補導委託を選択するための家裁調査官のアセス

メントや問題行動を含めた補導委託中の少年の動向についての分析，評価が主に記されており，家裁調査官の教育的な働き掛けに関する記述は少ない．

②身柄付き補導委託の構造的特徴から見た家裁調査官の調査活動

中園（1996）は，中間決定性という補導委託の構造的特徴を活性させるための家裁調査官の4種類の「繋ぐ」機能を明らかにした．少年との面接や手紙の交換をとおして少年の心情安定を図り，補導委託先での生活の定着を目指し（少年の心情支持），少年を取り巻く受託者や保護者との協力関係を作り（関係者のネットワーク形成），家庭内の葛藤を取り除き，少年の帰住に向けた関係調整を行い（少年と保護者の仲介），補導委託の生活の中で生じた少年の問題となる言動について，非行の背景にあるこれまでの言動のパターンとの関連を少年と話し合い，自己の問題としての理解を深めさせ，受託者と対処していく（問題パターンの再現への対処）というものである．受託者と少年のほか，関係者間の繋がりを作って補導の効果を高めるよう努めていくことや，過去・現在・未来を繋げて少年の自己洞察を深めさせ，更生を図っていくことが家裁調査官には求められている（中園1996）とする示唆は，現在の実務でも参考になる．

また，身柄付き補導委託の人間関係に着目し，「家裁調査官－少年－受託者」の三者関係の形成過程と，その優先順位を明らかにしたのは，星野・岡ら（1969）の研究である．同研究では，補導委託中の少年と受託者の関係が良好で，補導委託中の生活が順調に推移するためには，「受託者－家裁調査官」と「家裁調査官－少年」の関係の先行形成が重要であることが指摘されている．したがって，家裁調査官は，第1回審判までの間に，少年に対して試験観察の動機付けや身柄付き補導委託に関する説明を十分に行うと共に，受託者とも十分に連携をとり，協力態勢を整えておく必要があることが述べられている．

4　考察

本稿は，現在までの身柄付き補導委託に関する知見を知るために関連研究等のレビューを実施した．レビューの結果を踏まえ，身柄付き補導委託の特性と今後の課題を考察する．

　まず，身柄付き補導委託の研究領域において，身柄付き補導委託が試験観察の付随的措置の一つであり，これが保護処分の必要性を見極めるという本来的な目的を有する中間決定であることが，あらためて確認されていることが明らかとなった．

　旧少年法（1922〔大正11〕年制定）上，身柄付き補導委託は，「保護処分」と「仮処分」の二種類が存在し，現行少年法の補導委託は，「仮処分」をルーツに持つとされる（佐藤・河野2014，第一東京弁護士会少年法委員会編2006）．もっとも，戦後の混乱期に街に溢れた浮浪児や，集団就職によって都会に出てきた少年が非行を起こした場合など保護が必要な少年に対して，当時整備が十分ではなかった少年院や少年鑑別所の代替施設として身柄付き補導委託が活用された時期が長くあり，また，旧少年法上の補導委託先でもあった少年保護団体が，名称を変えて引き続き現行少年法上の補導委託先になった所もあり，保護処分のような処遇が展開されていたこともあった（川口・秦ほか2001，有田1993）．このような事情を背景として，現行少年法制定以降，身柄付き補導委託は，短期少年院の創設や保護観察の整備など保護処分の充実整備と関連しながら，保護処分のような処遇が展開されているのではないかという批判の的になっていたことが確認できる（三野1957：267，東京家裁（1980）「座談会『少年事件30年の回顧と展望』」『ケース研究』175，13）．また，一部の補導委託先の環境の不備，少年らの労働力の搾取の問題等が指摘されたりもしていた（菊田1976）．このように，補導委託，とりわけ身柄付き補導委託は，受託者が行う補導の内容や補導委託の期間，効果といった点で，常に保護処分との類似や相違について議論の対象になっていたと言える．その結果，昨今の実務では，保護処分との違いを明確にするために，身柄付き補導委託が中間決定であることが殊更に強調されるようになっている．実際，家庭裁判所の実務では，「従来の保護環境から切り離すことを目的とする場合」，「不良仲間から切り離す必要がある場合」，「帰住先の調整を目的とする場合」，「在宅試験観察から切り替える場合」，「少年院仮退院後の軽微な再非行で，再度の少年院送致がためらわれる場合」，「自立への準備を促したい場合」等といった場合に，身柄付き補導委託が選択されることが多く（齊藤2017，東京家裁少年部補導委託業務運営委員会・横浜家裁少年部補導委託担当係2012ほか），中間決定であることの構造的特徴や効果を含んだ

「中間決定性」(中園 1996 ら) が念頭に置かれている.

このように,中間決定の特性を確認することは重要である.しかし,その特性を強調するあまり,例えば,補導の性質論における議論のように,一方で補導の教育的機能への着目が弱くなっている点が問題である.

身柄付き補導委託では,多くの実務ノートや記録に描かれているように,受託者による補導が日々の生活の中で少年に密着した形で行われている.そこでは,花輪 (1992,1999) や土井 (2008, 2010) が指摘するとおり,家庭的な環境の下で家族的なケアが行われると共に,少年の立ち直りに向けた専門的な教育的働き掛けが展開されている.実務では,補導の内容や目的に応じて補導委託先の分類[6] が行われているが (齋藤 2017,東京家裁少年部補導委託業務運営委員会・横浜家裁少年部補導委託担当係 2012 ほか),これらは,まさしく,補導の教育的機能に着目し,その効果に期待したものでもある.また,「補導委託先の指導力を積極的に活用する場合」(齋藤 2017) のように,実際には,受託者の補導に期待して補導委託が選択される場合もあり得る.

身柄付き補導委託の二つの特性のうち,補導の教育的機能を正面から認めないという現在の運用が,経験の浅い裁判官や家裁調査官の身柄付き補導委託の効果に対する懐疑となり,選択の躊躇へと繋がっているものと考えられる.昭和 31 年開催の全国少年係裁判官会同において,当時の家庭局課長は,補導について,「試薬」としての位置付けと共に,「栄養剤」という表現を用い,身柄付き補導委託が中間決定としての限界がある中で,少年の立ち直りに資する積極的な関わりが意図されるものであることを指摘している (『昭和 31 年 11 月開催全国少年係裁判官会同要録』).

中間決定性と補導の教育的機能という二つの特性の均衡に,身柄付き補導委託の意義と独自性がある.家庭裁判所の実務では,身柄付き補導委託のことを中間決定であることの構造と効果を自覚の上,受託者が行う補導を,少年に対する「教育的働き掛けの選択肢」(東京家裁少年部補導委託業務運営委員会・横浜家裁少年部補導委託担当係 2012) として位置付けし直す必要がある.

ところで,家庭裁判所の内外において,試験観察を含め,家裁調査官の調査の教育的機能が衰退していると指摘されることがある (川口・秦ら 2010,鮎川 2014).それは,診断的側面ばかりが重要視され,少年の問題性に応じた教育

的な働き掛けを行うことや，働き掛けの結果を踏まえた少年の可塑性等を把握する動的な調査機能が低下しているという文脈で語られることが多い．身柄付き補導委託の場合も同様のことが言え，それが身柄付き補導委託の経験が乏しい家裁関係者の身柄付き補導委託の効果や必要性に対する懐疑を一層強めているものと考えられる．補導という「試薬」を投じた結果としての少年の動向を見極めるだけでなく，中園（1996）の指摘した「繋ぐ」機能のように，補導の効果を高めていくような少年，保護者，受託者を支えるかかわりが家裁調査官には必要なのである．坂野（2017）が試験観察において「実践知を形式知にして蓄積と共有を図り，科学的根拠に基づく手法を整備する必要」があると指摘したように，身柄付き補導委託における家裁調査官の調査活動の内容及び手法についても再点検し，理論的な整理を行う必要がある．

　受託者の補導に関しても同様な研究課題がある．家裁関係者による実務ノートや記録では，個々の補導委託先の少年の生活の実情やそこで展開される補導の内容は明らかにされているが，受託者の補導論や少年の更生観に迫ることや，具体的な生活指導や職業補導の根拠や意図への着目は不足しており，補導が受託者の経験則に委ねられている印象を与えてしまう懸念もある．土井（2008, 2010）が人間行動科学の知見を踏まえた高度な分析をとおして，日々の実践を専門的知見として捉え直したことをモデルに，身柄付き補導委託の制度を支えている受託者の地道な実践を丁寧に把握し，補導の専門性を探究していく研究が考えられる．それは，経験が浅い裁判官や家裁調査官の身柄付き補導委託の実施に対する躊躇の軽減に有用であるほか，受託者の補導に何が期待されるのかといった点も明確となり，補導委託先の新規開拓の裾野を広げることに役立ち，新しい受託者にとっての指針にもなるものと考えられる．

　本稿は，限定的な身柄付き補導委託に関する文献検討としての研究の限界がある．今後，データベースとキーワードを増やした検証とともに，更生保護分野における協力雇用主制度など近接領域の各制度との比較検証が必要である．

[注]
　1）少年は家庭から離れ，補導委託先に住み込んで，受託者の生活指導や職業補導を受

　ける．生活指導や職業補導を行う身柄付き補導委託の補導委託先には，飲食業，建築業等の個人事業主や，各種工場等の経営者や会社，農家，更生保護施設や自立援助ホーム，宗教団体といった施設等がある．身柄付き補導委託の期間は，実務上，おおむね3,4か月を目途として，6か月以内に終えることが望ましいとされている（佐藤・河野 2014）．

2）少年保護事件から道路交通保護事件を除いたものである．

3）花輪次郎（1992）『家庭の愛をください−「非行少年」と共に補導委託先の30年』，土井高徳（2010）『虐待・非行・発達障害　困難を抱える子どもへの理解と対応−土井ファミリーホームの実践の記録』，斉藤充（2010）『子育ては愛し夢見せ泣き笑い』，大畑道雄（2018）『非行少年の心の居場所−補導委託30年』など

4）星野・岡ほか（1969）「補導委託の運用についての一考察」，井上（1976）「『補導委託』研究−非行少年処遇における民間ボランティア活動の評価」，中園（1996）「補導委託−少年援助のための構造活性化」

5）現在，このような形態の身柄付き補導委託の実践は確認できない．

6）補導委託先の分類として，①受託者ら家族との生活の中で，少年が家族との付き合い方を見つめ直したり，規則正しい生活習慣を身に付けたりしながら，社会に適応していく力を高めていくことを目的とした「生活指導型」，②事業を営む受託者のもとで，生活指導や職業訓練を受けながら，就労意欲を高めることを目的とする「職業補導型」，③受託者による生活指導を受けながら，外部の勤務先に通勤して就労することにより，自活する力を養うことを目的とした「外勤型（自立支援型）」として整理されることが多い．

[引用・参考文献]

有田禎宏（1993）「補導委託としての更生保護会——その活用の実情と期待」『更生保護と犯罪予防』28（1），48-66．

鮎川潤（2014）『少年非行——社会はどう処遇しているか』左右社．

第一東京弁護士会少年法委員会編（2006）『少年の帰る家——子ども教育と補導委託』ぎょうせい．

土井高徳（2008）『神様からの贈り物　里親土井ホームの子どもたち——希望と回復の物語』福村出版．

土井高徳（2010）『虐待・非行・発達障害　困難を抱える子どもへの理解と対応——土井ファミリーホームの実践の記録』福村出版．

花輪次郎（1991）「石を磨く——補導委託で意志を磨く」『ケース研究』229，67-74．

花輪次郎（1992）『家庭の愛をください——「非行少年」と共に補導委託先の30年』一光社．

花輪次郎（1995）「補導委託『試験観察』での実践と少年たち」『青少年問題』42（7），

30-35.

花輪次郎（1999）『人になる――家庭の愛をください II』一光社.

平山忠男（1963）「神戸家庭裁判所における補導委託の実態について」『家庭裁判月報』15（9）, 113-178.

星野欣生・岡武夫・西上裕司（1969）「補導委託の運用についての一考察」『調研紀要』16, 61-73.

井上公大（1976）「『補導委託』研究――非行少年処遇における民間ボランティア活動の評価」『調研紀要』29, 12-23.

井上哲男（1983）「補導委託をめぐる法律上の問題点に関する一考察」『家庭裁判月報』35（9）, 1-32.

鹿児島家庭裁判所少年係調査官室（2017）「鹿児島の補導委託――短期間の身柄付き補導委託の取組を中心に」『ケース研究』330, 242-256.

鹿児島家庭・少年友の会（2013）「座談会　補導委託について」『ケース研究』317, 137-190.

川口宰護・秦稔幸・尾﨑敏子（2001）「補導委託の運用について」『家庭裁判月報』53（10）, 1-96.

菊田幸一（1976）「補導委託制度の現状と課題」『法律論叢』48（4, 5, 6）141-198.

児玉隆治・水野淳一郎・古積辰次郎（2018）「医療機関を併設する施設における補導委託の取組について」『ケース研究』331, 253-267.

窪田正彦・廣安龍二（2008）「補導委託の持つ力――補導受託者河野征夫氏の取組から」『家庭裁判月報』60（12）, 1-38.

三野亮（1957）『少年保護事件におけるケースワークの考察（家庭裁判所調査官実務研究報告書昭和31年度第1号）』266-304.

守山正（1991）「非行少年に対する社会内施設と市民参加――身柄付補導委託の回顧と展望」『拓殖大学論集』190, 1-27.

麦倉哲（1986）「補導委託における補導の現状――少年補導施設の専門性と多様性」『犯罪社会学研究』11. 151-174.

名古屋家庭裁判所補導委託係（2016）「名古屋家庭裁判所の補導委託の実情について」『ケース研究』325, 175-186.

中園武彦（1996）「補導委託――少年援助のための構造活性化」『家裁調査官研究展望』25, 104-111.

大神貞男（1972）「補導委託所における読書療法集団化の試みについて」『読書科学』15（2）, 61-66.

大畑道雄（2018）『非行少年の心の居場所――補導委託30年』道友社.

尾﨑敏子（2001）「東京家庭裁判所における補導委託について」『ケース研究』266, 151-

163.

裁判所職員総合研修所（2017）『少年法実務講義案（三訂版）』司法協会.

最高裁判所（1957）『昭和31年11月開催全国少年係裁判官会同要録』39-42.

最高裁判所事務総局（2005）「座談会『補導委託の実情と課題——補導委託の更なる充実のために』」『家庭裁判月報』57（8），33-84.

斉藤充（2010）『子育ては愛し夢見せ泣き笑い』文芸社.

齋藤隆広（2017）「補導委託について」『家庭の法と裁判』（11），25-32.

坂野剛崇（2012）「家庭裁判所調査官の調査の特質について——家事事件・少年事件における専門的機能の担い手として」『家庭裁判月報』64（3），1-70.

坂野剛崇（2017）「家庭裁判所における試験観察の現状と課題——その教育的機能を中心に」『家庭の法と裁判』（11），6-15.

佐藤克（2006）「非行少年の対象関係をめぐる一考察——補導委託を行った事例から」『心理臨床学研究』24（1），12-21.

佐藤傑・河野郁江（2014）「身柄付き補導委託の意義と今後の課題について」『家庭裁判月報』65（8），15-74.

関谷一朗（1980a）「補導委託における家裁と学校の協力——タケオの事例から」『季刊教育法』36，173-178.

関谷一朗（1980b）「補導委託における家裁と学校の協力——タケオの事例から（2)」『季刊教育法』37，172-176.

東京家庭裁判所（1980）「座談会『少年事件30年の回顧と展望』」『ケース研究』175，13-15.

東京家庭裁判所（1987）「ケース研究『少年院仮退院後の再犯により補導委託に付されたケース（座談会)』」『ケース研究』211，71-132.

東京家庭裁判所（1988）「座談会『補導委託の歩み』」『ケース研究』217，122-144.

東京家庭裁判所（1989）「座談会『この10年を振り返って——少年』」『ケース研究』219，110-117.

東京家庭裁判所少年部補導委託業務運営委員会・横浜家庭裁判所少年部補導委託担当係（2012）「補導委託を実施するための工夫について——補導委託先の情報を知ること」『ケース研究』313，166-192.

和田秀樹（2000）「補導委託から考える」『家裁調査官研究展望』29，95-100.

山崎朋亮・北林悟・神谷健・本多洋史・大原健功・野上奈生・太田直道（2007）「試験観察・補導委託論」『家裁調査官研究展望』35，70-77.

罪を犯した高齢者・障がい者ソーシャルワークで
直面する困難性対処に関する研究
——地域生活定着支援センター職員へのインタビュー調査から

Coping in Social Work for Elderly and Disabled Offenders: Analysis of Interviews
with Social Workers at Regional Sustained Community Life Support Centers

中村秀郷*

1　問題意識

　地域生活定着支援センターは，保護観察所，矯正施設と連携して，高齢又は障がいにより自立困難で住居もない受刑者等に対して，出所後の福祉の調整を行う地域生活定着促進事業の実施機関である．2009（平成21）年7月から順次設置が始まり，2011（平成23）年度末に全都道府県（北海道2か所，その他は各1か所）に設置され，矯正施設入所者の受入先施設等の調整を行うコーディネート業務，矯正施設出所後の社会福祉施設等へのフォローアップ業務，矯正施設退所者等への相談支援業務を一体的に行っている．2017（平成29）年度の特別調整終結人員は809人（内訳は重複計上を含め，高齢者437人，知的障がい者225人，精神障がい者252人，身体障がい者117人）であり，特別調整の結果，494人（取下げ及び死亡を除く終結人員中の68.5％）が福祉施設等に繋がっている（法務総合研究所2018）．また，2015（平成27）年度に全国地域生活定着支援センター協議会が行った調査によると，過去5年間に91.7％の地域生活定着促進事業の対象者が再逮捕・再入所なく地域で暮らしているとの結果であった（全国地域生活定着支援センター協議会2016）．本事業による刑事施設から福祉

*法務省　名古屋保護観察所

的支援への橋渡しの仕組みは，以前は行き場がなく釈放後早期に再犯に至っていたと思われる自立困難者を支援し，結果として多くの再犯を防止していると考えられる（奥田 2011：26）．

　地域生活定着促進事業が始まって約 10 年経過したが，これまで多くの先行研究が本事業の現状と課題について論じている（内田 2016，古川 2017，宍倉ら 2017，赤平 2018 など）．

　全国的な実施状況調査としては，森久ら（2018）は全国 29 の地域生活定着支援センターを対象にヒアリング調査を行い，その調査結果をもとに森久（2018）は，センターと各機関との連携の課題，センターによる本人支援の課題，事業の制度的課題，センターという事業主体のあり方の 4 つの課題を指摘している．また，全国地域生活定着支援センター協議会（2015）は，矯正施設再入所追跡調査を行い，再入所に顕著に影響を与えている要因として高齢，前科入所歴などを，ある程度の影響を与えている要因として少年院歴があること，家族関係がないことなどを明らかにしている．さらに全国地域生活定着支援センター協議会（2017）は，対象者の満足度に係る調査等を実施し，支援対象者側の側面から本事業の現状と課題を考察している．一方，水藤（2013：188）は地域生活定着促進事業における課題として，各センターの運営実態の違い，実際の支援内容の違いを挙げ，運営母体と所在地の 2 つによる影響が大きいと指摘している．

　地域生活定着支援センター職員が直面する困難性に焦点を当てた研究としては，江口・古川（2011）は職員を対象に意識調査を実施し，センターの調整における課題として対象者の障がい判定の難しさ，受皿としての社会資源の乏しさ，地域生活移行・定着のための社会資源の乏しさ等を指摘している．また，先行研究から中村（2016：17）は，センター職員による支援を含めた刑務所出所者等の社会復帰支援全般における困難性概念として，制度上の限界感，関係機関と連携できない失望感，反発・拒否への困惑・悩み，逸脱行動への不安・心配などを明らかにしている．さらに中村（2018）は，地域生活定着支援センター職員を対象にインタビュー調査を実施し，職員自身の語りから地域生活定着促進事業のソーシャルワークで直面する 13 個の困難性概念を生成し，概念間の関係性から〈制度的・組織的限界へのストレス〉，〈対象者の言動へのスト

レス〉，〈生活環境への調整困難のストレス〉，〈支援の行き詰まりへのストレス〉の４つのカテゴリーに収斂している．同様に篠崎（2019）は，地域生活定着支援センター職員を対象にインタビュー調査を実施し，高齢出所者の地域定着に向けた支援の構造と課題について，〈出所前後の社会資源の調整に関連する課題〉，〈居宅生活を送る対象者を継続的に支援する社会資源の不足〉，〈対象者に関する課題〉の３つに集約している．

　一方，地域生活定着支援センター職員が直面する困難性への対処については，各センターにおける困難な状況や支援課題が解決したケースの事例報告，実践報告，全国地域生活定着支援センター協議会の報告書などで支援ノウハウが一部共有されている．また，全国地域生活定着支援センター協議会（2016）は，都道府県地域生活定着支援センターにおける連携支援の実践に係る実態調査を行い，出口支援[1]と入口支援[2]の事例において，本人に関するアセスメントが特に重要であり，連携における大切な要素及び連携が成功する要因として考えられることとして，情報の質，伝達の仕方，専門職の力を集めてチームを動かしていくコーディネーターの存在を指摘している．

　また，全国地域生活定着支援センター協議会（2017）は，罪を犯した高齢・障害者への包括的福祉の支援と対象者の満足度に係る調査を実施し，効果的な支援技術の向上と全国標準化及び包括的支援システムの構築促進について考察している．

　これらの先行研究を整理すると，地域生活定着促進事業の現状や課題提起及び地域生活定着支援センター職員個人の経験の振り返りによる実践報告に分けられた．先行研究から，センター職員が罪を犯した高齢者・障がい者のソーシャルワーク実践にあたり，様々な課題や問題に直面していることが窺えた．しかしながら，この困難性に対してどのように対処しているのかという，困難性対処のプロセス全体を地域生活定着支援センター職員の経験を解釈することにより明らかにした研究は行われておらず，対処プロセスの構造化はなされていない．地域生活定着支援センター職員が困難性に直面した状態は，効果的なソーシャルワーク実践に支障が生じている状態といえ，この改善には困難性を軽減すること，つまり，困難性への対処が不可欠と考えられる．本稿では，このような問題意識に基づき，地域生活定着支援センター職員に焦点を当て，罪を

犯した高齢者・障がい者ソーシャルワークで直面する困難性への対処プロセスについて考察していきたい.

　なお，筆者は刑事司法領域のソーシャルワーカーが直面する困難性及び対処プロセスに関して，他に保護観察官などを対象にインタビュー調査を実施し，M-GTAにより分析結果をまとめている（中村2018, 2019など）．そのため，「3　研究方法」「4　結果と考察」を中心に共通する事項（概念，カテゴリー，結論など）の記述は概ね中村（2019）などから引用・参照していることをお断りしておく.

2　研究目的

　本研究の目的は，地域生活定着支援センター職員が地域生活定着促進事業のソーシャルワークで直面する困難性への対処プロセスの構造・展開を明らかにし，その実態を体系的に整理することである.

3　研究方法

（1）調査対象者（研究協力者）
　研究協力者は，全国48センターのうち4センターに所属する地域生活定着支援センター職員16名（元職員含む）であった（表1）.

（2）実施期間
　調査実施期間は，2016（平成28）年5月から2018（平成30）年7月であった.

（3）データ収集方法
　研究協力者の属性（年齢，性別，ソーシャルワーク経験及びセンターの従事年数）を確認し，1名あたり30分から90分程度の個別インタビュー及びフォーカスグループインタビューによる半構造化面接を実施した．インタビュー内容は「支援の実際」「困難性」「対処プロセス」「支援観・援助観」など幅広く聴き取りを行った.

表1　研究協力者の属性（地域生活定着支援センター職員）

No	氏名	年齢	従事年数	No	氏名	年齢	従事年数
1	A氏	60代	5年	9	I氏	60代	7年
2	B氏	40代	4年	10	J氏	30代	7年
3	C氏	60代	1年	11	K氏	30代	7年
4	D氏	60代	3年	12	L氏	40代	1年
5	E氏	30代	4年	13	M氏	30代	1年
6	F氏	40代	7年	14	N氏	60代	8年
7	G氏	30代	5年	15	O氏	30代	4年
8	H氏	60代	7年	16	P氏	60代	2年

注：従事年数1年未満は切り上げ.

（4）倫理的配慮

研究協力者には，文書及び口頭により，研究の趣旨，個人情報の扱い，研究成果の公表等について説明を行い，同意書に署名を得てインタビューを実施した．本研究は，日本福祉大学大学院「人を対象とする研究」に関する倫理審査委員会の審査・承認を得た（申請番号15-005及び17-001）.

（5）分析方法

本研究では，調査データの分析方法は，グラウンデッド・セオリー・アプローチ（Grounded Theory Approach）の修正版である修正版グラウンデッド・セオリー・アプローチ（Modified Grounded Theory Approach〔以下，M-GTA〕）を用いた（木下 1999, 2003, 2007, 2014）.

（6）データの説明

本研究では16名のインタビューデータを分析対象とし，困難性（中村2018）で分析に用いたメンバーと重複している．これはインタビュー調査において「困難性」に追加して「対処プロセス」に関する聴き取りも行っており，中村（2018）では聴き取ったデータのうち「困難性」に関する箇所を用い，本研究では「対処プロセス」に関する箇所を用いているからである.

　木下（2003: 228-9）は，M-GTA による研究について，一つの研究から最低二つの論文を書くこと，つまり，第一論文に関連させて新たな分析テーマを設定し，二つ目の論文を執筆することを推奨している．この点，木下（2003: 228-9）は，次のように論じている．「まず，最初の論文を完成させる．そのときに，第一論文で活用しきらなかった，あるいは，データとの確認作業が十分できっていない概念やカテゴリーが残されている．これは先に述べた理論的飽和化への方法論的限定の結果でもある．そこで，第一論文に関連させて新たな分析テーマを設定し，二つ目の論文に向けた分析を始める．新たに分析テーマを設定し，同じ進め方で分析を行なう．どのようなデータを追加収集すべきかについても同様に判断する．これが第二論文へのひとつの進め方である．」．本研究ではこの点に留意し，新たな分析テーマとして「困難性への対処プロセス」を設定したものである．なお，分析焦点者は引き続き「地域生活定着支援センター職員」と設定した．

（7）分析手順

　M-GTA は実際にデータをみていくときには，分析テーマと分析焦点者の 2 点に絞って進める．木下（2003: 236-7）は M-GTA の分析手順を明確にするため，7 つのポイントを提示しており，これに沿って分析を進めた．

（8）分析に対する質の確保

　質的研究独自の評価基準の代表的なものに信用性があるが（Uwe2002〔=2011〕），本調査では信用性確保のため，メンバーチェックとピアによる検討による複数の評価者のチェックを受けた．これらにより分析内容の信頼性と妥当性が保持されるよう努めた．

4　結果と考察

　本研究では，M-GTA の分析結果から 11 個の困難性への対処プロセス概念が生成し，概念間の関係性から 4 つのカテゴリーに収斂された（表2）．そして，これらの対処プロセスのカテゴリー，概念を結合させた結果図にまとめた

表2 地域生活定着支援センター職員が地域生活定着促進事業のソーシャルワークで直面する困難性への対処プロセス

カテゴリー及び概念一覧

カテゴリー	概念	定義
〈1. 支援関係の醸成〉	〔対象者主体の思考〕	困難な状況や問題を抱える対象者に寄り添い，対象者を主体とした支援を尊重する姿勢
	〔意識面に働きかける〕	対象者の支援を行う際に，積極的に話し合う機会を持ち，支援者としての意見を伝えることで，対象者に自身の問題性，課題を気づかせる姿勢
	〔状況の変化を待つ〕	対象者が指導・支援を受け入れず，反発・拒否したり，改善が見られない場合においても，心情に配慮し，その場で解決を図ることなく，意識や行動の変化を見守る姿勢
〈2. 仲間のフォロー〉	〔気持ちを分かち合う〕	一人で悩みを抱えるのではなく，組織内外の仲間等に自身の気持ちを吐き出し，相談すること
	〔チーム力活用〕	所属組織をはじめ関係機関と連携して協働態勢の下，仲間の協力を得ながら支援を充実させることで困難性に対処すること
〈3. 連携の醸成〉	〔関係機関を理解する〕	関係機関の立場や役割を尊重しつつ，互いに向き合い，現状の理解及び支援の協力を求める姿勢
	〔協力者を探す〕	地域社会や地域の関係機関の中で，地域生活定着支援センターに協力的な人を見つけ，スムーズな支援に繋げる姿勢
	〔共に動く姿勢〕	関係機関との役割分担を意識しつつも，決して丸投げすることなく，支援依頼後もフォローアップを行うなど共に関わる姿勢を継続すること
〈4. 支援の展望化〉	〔蓄積された経験〕	これまで蓄積されてきた経験・ノウハウ等により困難な状況を解決したり，所属組織内部で情報共有して各自の支援場面で活かすことで困難性に対処すること
	〔発想イメージ化〕	支援方法や対処方法を発想したり，これまでの体験などから今後の理想的な展開を具体的にイメージすることで，自身の感情を落ち着かせて前向きな思考に変容すること
	〔認知変容〕	困難な状況に直面し，心理的ストレスを抱えた際，現実を受け入れたり，開き直りや割り切った考えをして，自身の感情を落ち着かせて前向きな思考に変容すること

（図1）．以下，ストーリーラインを示し，分析結果の記述及び考察を行うが，カテゴリーは〈　〉，概念は〔　〕，表記のＡからＰは研究協力者，** は筆者，数字は研究協力者ごとの逐語データの発言番号を表すものとする．また，概念〔共に動く姿勢〕の分析ワークシートを図2に示す．

　地域生活定着支援センター職員が地域生活定着促進事業のソーシャルワーク

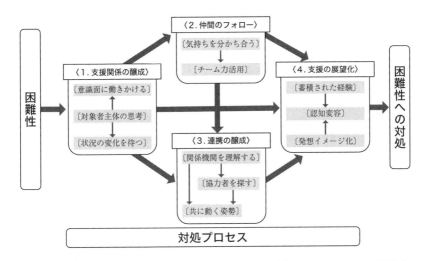

図1　結果図　地域生活定着支援センター職員が地域生活定着促進事業のソーシャルワークで直面する
困難性への対処プロセス

　で直面する困難性への対処プロセスの構造・展開は，4つのカテゴリー及び包含する11個の概念の動きで説明することができる（図1）．

　職員は困難性を感じた際，〔対象者主体の思考〕を尊重しつつ，〔意識面に働きかける〕．状況によっては，対象者の意識や行動の変化を見守る〔状況の変化を待つ〕姿勢で対応していた．これによりソーシャルワークで基本的な〈支援関係の醸成〉に繋がり，対象者に受け入れられることで困難性を軽減していた．さらに職員は，身寄りのない高齢又は障がいのある受刑者が安定した地域生活を送るために，日々〔関係機関を理解し〕，〔協力者を探す〕姿勢で地域の支援態勢の構築に努めていた．支援を依頼する際は，丸投げではなくフォローアップなどを誠実に行う〔共に動く姿勢〕を意識して協力を得ていた．これが〈連携の醸成〉であり，対処プロセスの中核となるものである．また，職員は困難性を感じた時は，一人で悩みを抱えるのではなく，仲間と〔気持ちを分かち合う〕ことで困難性を軽減していた．状況によっては，職場内外の〔チーム力活用〕によるアプローチを実践していた．これが〈仲間のフォロー〉である．そして，職員自身の意識と行動の両面の変化により，〈支援の展望化〉

分析ワークシート	
概念名8	共に動く姿勢
定義	関係機関との役割分担を意識しつつも、決して丸投げすることなく、支援依頼後もフォローアップを行うなど共に関わる姿勢を継続すること

ヴァリエーション

300 D：○○市さんにも、特に入院なんかされた場合は、○○さんは比較的市民病院なんかは保証人さんがいなくても入院させてくれます。正直言うと、それで私は、連絡先だけには必ずなるようにしていて、必ず市役所に連絡します。「私も一応連絡先にはしときましたけど、私でやれることには限界がありますからあと役所さんお願いしますね」って、それだけで役所さんの対応変わるんです。

304 D：そう。「私もやれることはやりますけど、私だけでは限界があるのでお願いね」っていうことで、なるべく協力しながら。

305 **：ギブアンドテイクの関係で。

306 D：そうそう。でもやってあげないと、「全部あんたらの責任でしょ、あんたやりなさいよ」では上手くいかない。

72 E：隠さず伝えて。で何かあったら自分たちが対応しますよっていうことは伝えてあるので、そこで施設さんだけで抱えることではないよっていうので安心感はもらってるかと思いますが。

86 E：そこももう、何とか一緒に考えていきましょうっていうことで話したら、熱心な方だったので、そこは。

23 F：そうですね、何ていうのかな、特にそこは強く感じたことはないんです。そのある程度障害のサービスを利用した上で、たとえばその方はグループホームに生活するんであれば、その方が入るのにグループホームの方にも本人さんに刑務所に会いにきてもらったりとか、我々やれる限りのフォローをさせてもらいますし、何か問題行動が起こったらすぐに我々も面接をして、みんなで話し合いをしてっていうことでそういう何か起きたらすぐに対応をして、そうすることによって少しずつ信頼関係ができていくというか。やっぱり大げさかもしれないんですけれも、最初は我々との接触から関係が始まるじゃないですか。で出所するに当たっていろいろな施設であったりいろいろと関係機関を増やしていって、出所されたらそちらのグループホームとか施設で生活になるので、だんだん我々との関係は薄くはなるんですけれども、でも何かあったときに我々はすぐ行かせてもらうっていうのでそうすることで本人さんたちも、なんか見捨ててないんだとか、嫌な話なんかあったまた○○さんがくるから、みたいなところで安心感でもありますし、緊張感っていうのも少しずつ形成されるのかなわってそこからはじめて、っていうのは感じますね。

92 G：うちはそういう自前の施設もないので、入った後も丸投げするわけじゃなくて、今度も何かあったら対応するっていうところで信用してもらうっていうか、安心してもらってっていうところですね。そこしかないんです、切り口。

99 K：まずは定着支援センターから、例えば、Aさんをお願いしますと、「お願いします」でそこでもうお終いではないということをケース相談の時に言います。出所後、ほんとに最初へんですね、当日は朝迎えてから、役所手続き、買い物支援、翌日までにやり切れなかったのは次の日にも予定組んで、病院行ったりして、なるべく施設さんに最初のうちは、慣れるまでの間はこちらがフォローして、徐々にフェードアウトしていくと。

101 K：そうですね。そこら辺を説明することによって、簡単に言うと「保険」みたいなもんですよね。これで怖い人を預かった。けれど何かあったら誰に相談すればいいのかっていう時に、定着が「いやいや、大丈夫ですよ、もし何かあったらすぐ連絡ください、駆けつけますから」っていうことを、こちらから最初の段階で伝えてはいますので、その分でも施設さんとしてもかなり安心されるのかと思います。

104 I：それと何かトラブルがあった時には、職員すぐ走って行きます。○○の定着職員はね。「今日誰々が酒飲んじゃって大変なんだ」ってくると、すぐ駆けつける。

106 I：そうです。フォローアップをして、それはすごく大切に丁寧にフォローアップはさせて頂いてます。

110 I：施設はそこで生活保護を区からもらいますから、区との間も調整かけます。区にもきちんと説明に行くっていう、あとのフォローアップをかなり丁寧に行ってきてます。

112 I：出てきた、出所、出てきた、その日に住民票と定着が手伝う。生活保護の申請にも行くという。そこの彼がきちんと住民票を入れて、生活をできる、生活の必需品もそうだし、区との調整役も全部定着が、○○県の場合はして繋げて、何らかの問題があったらフォローアップまでは○○県の職員としては行くという丁寧なのをやらせていただいてますね。

113 **：つまり丸投げじゃないっていうことですね。

114 I：そうです、はい。なので、区役所に「定着さんのことならやりますよ」って言って頂ける。

118 I：個人ケースによるんですけど、終了というのはない。

124 J：こちらが勝手に終結したとしても、向こうが何かトラブルがあったときに電話かかってきたのに、「いや、すみません。こちらはちょっと終了してるんで」なんて、こっちの都合なんで、向こうは知ったこっちゃないですよね。

90 O：いやいや、でもやっぱり、この人なら信用できるかもと思わせるところがやっぱり、定着の職員を信用してもいいかなって思わせるところが一番大切なのかな。

91 **：どういうふうに思わせればいいんですか？

92 O：なので、ある程度ご本人さんと関係性をある程度作っておくだったり、情報をちゃんときちんと収集して、自分なりにその人を説明できることが大切なのかな。ある程度見立てじゃないですけど、分析をしてこういう方なんじゃないかなっていうところを、方針であったりとか、そういったものをある程度、自分の中で整理して説明できるくらいにしておかないと、相談機関の人はなかなか。（以下省略）

理論的メモ
・地域生活定着支援センター職員が関係機関に支援を引き継いだ後もしっかりとフォローアップを行っていた点を中心にまとめた。
・地域生活定着支援センター職員はセンターの支援期間をどのように考えているのか。
・地域生活定着支援センター職員が行うフォローアップは関係機関にどのような影響を与えているのか。

対局例

161 G：ありますね。（ある関係機関は）非協力的ではないんですけど、自分んとこで丸抱えみたいな姿勢で、連携、情報共有しようっていうのはあんまりない。

162 **：「うちがやりますから、おたくはいいです」っていう。

163 G：そうですね。はっきりは言われないんですけど、態度としては、こっちの事前情報とかはあんまり、「私は私のやり方でやらしてもらう」っていうのは、ちょっとビックリしたことはある。（中略）

図2　分析ワークシートの例（対処プロセス）

をすることで困難性に対処していた．行動面では〔蓄積された経験〕を活かし，意識面では〔発想イメージ化〕をして，現実の受容，開き直り，割り切りなど，〔認知変容〕に繋げることで，自身の感情を落ち着かせて前向きな思考に変容していた．これにより地域生活定着支援センター職員は，地域生活定着促進事業のソーシャルワークに支障をきたしていた困難性を抱えた状態から抜け出すことができていた．

（1）〈支援関係の醸成〉

地域生活定着支援センター職員は，地域生活定着促進事業のソーシャルワークにおいて，様々なソーシャルワーク技術・知識を用いてクライエントとの信頼関係の形成を試み，対象者に受け入れられることで困難性を軽減していた．この動きによる対処プロセスは，〔対象者主体の思考〕〔意識面に働きかける〕〔状況の変化を待つ〕の各概念から成立する〈支援関係の醸成〉というカテゴリーに収斂された．

「G260：いろいろスタイルの方たくさんいらっしゃるんですが，あくまで本人のスタイルの中で，ある部分はちょっと変わってもらわなきゃいけないと思うんですけども，刑務所までいってますんで．あくまで本人の価値観とか生き方とかっていうのは大事にしていきたいなと思います．」などの語りからは〔対象者主体の思考〕という概念が生成された．「G254-6：（中略）主体性を大事にするって，（中略）こちらの枠にはめようじゃなくて，本人自ら気づいてもらって．（中略）．そこを大事にして．本人に自分たちの関わりでどう響いてもらえるかっていうところかなって．（中略）．」などの語りからは〔意識面に働きかける〕という概念が生成された．「H202：（中略）待てば海路の日和ありっていうことね．成らぬ堪忍，するがほんとの堪忍っていうので対処していくっていうのがあるのかな．」などの語りからは〔状況の変化を待つ〕という概念が生成された．

全国地域生活定着支援センター協議会（2016）は，「本人理解に努め，関わりのポイントを掴み，支援者が情報共有した」「本人の意向に合わせて臨機応変に支援方針を変更した」点を地域定着の重要なポイントとして挙げ，どのセンターも本人理解と関係づくりに苦慮しながら時間を割いていたと指摘してい

る．この点，ソーシャルワークにおいては，クライエントとの信頼関係（ラポール）の構築が重視されている．Biestek（1957〔=2006〕）は，対人援助における関係形成のための7つの原則として，クライエントの自己決定の尊重，意図的な感情表出，個別性の尊重，受容などを挙げている．これらは概念〔対象者主体の思考〕〔意識面に働きかける〕〔状況の変化を待つ〕に重なり，カテゴリー〈支援関係の醸成〉を裏付けている．先行研究で報告されている様々なアプローチによって，対象者とのラポール形成に至った際の職員の行動変容プロセスが，結果的に本研究における困難性への対処プロセス概念として現れたと考えられる．

(2)〈仲間のフォロー〉

　地域生活定着支援センター職員は，地域生活定着促進事業のソーシャルワークにおいて，ピアカウンセリングやスーパービジョンを受けたり，所属組織内外の協力を得ることで困難性に対処していた．この動きによる対処プロセスは，〔気持ちを分かち合う〕〔チーム力活用〕の各概念から成立する〈仲間のフォロー〉というカテゴリーに収斂された．

　「E242：（中略）ストレスを抱えたらまずは報告ですね．やっぱ人数が少ないので話もしやすいので，もういいことがあっても嫌なことがあっても，事務所に戻ってみんなと共有してもらうっていうことが．」などの語りからは〔気持ちを分かち合う〕という概念が生成された．「F73：（中略）さっきも言ったようにそういう時に○○所長のほうに相談させてもらって，一緒に行ってもらったりとか，その悩みっていうか話を聞いてもらって，適宜アドバイスを頂くっていう感じで．」「J81：（中略）その時に先輩の○○さんにご相談して，（中略）．やはり先輩のアドバイスがその時は救ってもらえました．私ひとりでは袋小路に陥ってたと思います．」などの語りからは〔チーム力活用〕という概念が生成された．

　全国地域生活定着支援センター協議会（2016）は，「本人支援だけでなく，チームで家族支援に取り組んだ」「チーム支援により1つの機関の負担を軽減し，関係機関で協議し対応した」点を地域定着の重要なポイントとして挙げている．分析結果からも，地域生活定着促進事業が始まってまだ日が浅いことも

あり，職員はセンター内部で支援内容の共有を図り，さらに他のセンター及び関係機関に相談して助言を受けるなど，課題解決に向かって積極的に動いていた．本カテゴリーが包含する概念のヴァリエーションから，職員はチームワークを重視した支援を展開し，困難性に対処していたと考えられる．

（3）〈連携の醸成〉

　高齢又は障がいのある矯正施設入所者の地域移行・定着には，地域の関係機関の協力が不可欠である．そのため，職員は地域の社会資源の開拓から支援依頼後のフォローアップまで，関係機関との信頼関係を醸成して，協力を得ることで困難性に対処していた．この動きによる対処プロセスは，〔関係機関を理解する〕〔協力者を探す〕〔共に動く姿勢〕の各概念から成立する〈連携の醸成〉というカテゴリーで説明することができる．

　「D300：（中略）それで私は，連絡先だけには必ずなるようにしていて，必ず市役所に連絡します．「私も一応連絡先にはしときましたけど，私でやれることには限界がありますからあと役所さんお願いしますね」って．それだけで役所さんの対応変わるんです．」などの語りからは〔関係機関を理解する〕という概念が生成された．「D346：（中略）今私は本当にいろんな福祉の分野に限らず人と繋がることだと思ってるので，なるべくいろんなところに顔を出してとにかく1人でも2人でも応援者がいてくれたら助けてもらおうという姿勢で．（中略）．」「F51：（中略）年金事務所のほうも（中略）うちの御用達の方が1人いらっしゃいまして，（中略）その窓口の人のところに行けば大体教えてくれるので，そういうところで苦労はないですね．」などの語りからは〔協力者を探す〕という概念が生成された．「I104-6：それと何かトラブルがあった時には，職員すぐ走って行きます．○○の定着職員はね．「今日誰々が酒飲んじゃって大変なんだ」ってくると，すぐ職員が．（中略）フォローアップをして，それはすごく大切に丁寧にフォローアップはさせて頂いてます．」「K101：（中略）これで怖い人を預かった．けれど何かあったら誰に相談すればいいのかっていう時に，定着が「いやいや．大丈夫ですよ．もし何かあったらすぐ連絡ください．駆けつけますから」っていうことを，こちらから最初の段階で伝えてはいますので（中略）．」などの語りからは〔共に動く姿勢〕という概念が生成され

た.

　全国地域生活定着支援センター協議会（2016）は，「フォーマルな資源だけでなく，インフォーマルな資源をコーディネートした」「チーム支援により1つの機関の負担を軽減し，関係機関で協議し対応した」点を地域定着の重要なポイントとして挙げている．また，福永（2017）は，〔困り感という共通認識〕〔適切な処遇や必要な支援への希求〕，さらに〔顔の見える関係〕から〔わからないと言い合える関係〕に踏み込むことが連携の促進要因で課題解決の糸口になりえると論じている．そして，各機関の役割や関与できる期間を正しく理解することが相互に繋がれる安心感の基盤であると指摘している．これまで地域生活定着促進事業の担い手の困難性軽減，ストレス・コーピングに関する研究はなされていないが，関係機関の協力を得て課題を解決したケースについては，前述の先行研究をはじめ多くの報告がなされている．先行研究で報告されている職員による他機関との連携に向けての行動変容プロセスが，本研究において困難性への対処プロセス概念として現れたと考えられる．

（4）〈支援の展望化〉

　地域生活定着支援センター職員は，行動面では困難な状況の解決を試み，意識面では自身の情動コントロールを試みることで困難性を軽減していた．この動きによる対処プロセスは，〔蓄積された経験〕〔発想イメージ化〕〔認知変容〕の各概念から成立する〈支援の展望化〉というカテゴリーに収斂された．

　「I441：これも経験してからです．かなりの数を，事例を経験した上での．（中略）．7年やってくると，色んな，全員違うけど，この人にはここら辺のことでお話をしとくと納得できるかなっていうのが分かってきている．」などの語りからは〔蓄積された経験〕という概念が生成された．「B468：困難なことも多いんですけど，困難だからこそ上手くいった時に嬉しいとか，信頼関係できてきたなって体感できることが良くあるので，そういうふうだと担当としてやりがいはあります．」「L128：支援っていうんじゃなくて，楽しみというか，決められたこと以外にも楽しいことっていうのを提案できるように，そういうアンテナを張っているつもりです．」などの語りからは〔発想イメージ化〕という概念が生成された．「G129：（中略）．支援とかが上手くいかないだろうな

っていうところは想定はしつつ，支援して，どっかでは響いてるんじゃないかとか，（中略）.」などの語りからは〔認知変容〕という概念が生成された.

福永（2017）は，地域生活定着支援センター職員が連携プロセスにおいて，〔"支援やれるかも"感覚〕が芽生える点，対象者の〔納得と折り合いを持つ〕ことを重視している点を指摘している．これまで地域生活定着支援センター職員の意識・行動の変容過程に着目した研究はなされていないが，職員の適切な介入により支援困難事例の解決に至ったケースは多数報告されている．先行研究で報告されている課題解決に至った際の職員の意識及び行動の変容プロセスが，本研究において困難性への対処プロセス概念として現れたと考えられる.

5 結論

本研究では，地域生活定着支援センター職員が地域生活定着促進事業のソーシャルワークで直面する困難性への対処プロセスの構造・展開を明らかにし，地域生活定着促進事業のソーシャルワークの特徴を提示することができた．明らかにされた対処プロセスによって，職員が直面する困難性の軽減に繋がることが様々なヴァリエーションから示された．これにより支援の展開・転換の見通しを立てることが可能となり，効果的な支援や有効なアプローチについて示唆を与えることができた.

研究協力者はソーシャルワーク経験などに違いがあり，所属センターの運営法人，入居施設保有の有無，さらに地域の支援体制の違いはあるもののインタビュー内容に大きな違いはなく，地域生活定着支援センター職員に共通の困難性への対処プロセスが存在していた．2009（平成21）年度から地域生活定着促進事業が導入されてまだ日が浅いこともあり，職員は積極的に問題解決に向けて手探りで動いて地域支援態勢を構築していた．そして，多くの困難な場面において対処可否を評価することなく，概ね〔蓄積された経験〕によって〔認知変容〕に移行し，困難性に対処する傾向が見られた．職員は主に Lazarus（1984〔=1991〕）が指摘した問題焦点型コーピングで自身の心理的ストレスに対処していたと考えられる．また，本研究で生成されたカテゴリー〈支援関係の醸成〉，〈仲間のフォロー〉，〈支援の展望化〉及び包含する概念は，名付けが

一部異なるが，実質的な意味内容は保護観察官（中村 2019）と概ね同じであった．地域生活定着支援センターの支援対象は高齢又は障がいのある受刑者に限定されるのに対して，保護観察官はさらに保護観察対象者，更生緊急保護対象者も処遇対象である．各職種の支援対象者の違いはあるものの，直面する困難性に対して共通の対処プロセスが存在することが示唆された．

本研究では，他機関連携に向けた具体的なアプローチに加えて，クライエントとの信頼関係を形成するための具体的行動など，地域生活定着促進事業の支援の有りようを提示することができた．木内（2017）は，福祉・医療・司法が「相互に同じ目的を持ち協働で作業する」ことの重要性を指摘しており，他にも関係機関同士の連携の重要性について数多く論じられている．対処プロセスの 1 つである〈連携の醸成〉は，地域の社会資源を活用して対象者の地域生活定着を目指すという，地域生活定着促進事業の目的から避けては通れない重要な支援プロセスといえよう．

M-GTA は研究結果の実践的活用を重視する理論であり，これらの点で地域生活定着促進事業の実践現場へ還元することができたと考えられる．

一方，本研究の限界としてインタビュー調査対象が 4 か所の地域生活定着支援センター職員 16 名で職員の属性，センターの運営母体，地域の社会資源の状況などを考慮せずに分析を行っている点などが挙げられる．

［謝辞］
本稿は日本福祉大学大学院在籍中の研究結果（中村 2020）の一部を加筆修正したものである．本研究にあたって，多忙な業務の時間を割いて筆者の調査に御協力いただいた研究協力者の皆様に心より感謝申し上げる．

［注］
1）出口支援とは，自立生活が困難な高齢者や障がい者など福祉的支援を必要とする受刑者に対し，司法機関や福祉機関が矯正施設出所後の帰住先及び福祉サービスの調整などを行う支援の取組を表す用語である．
2）入口支援とは，矯正施設入所前の捜査や裁判の段階から，司法機関や福祉機関が被疑者・被告人である高齢者や障がい者などに対して，起訴猶予や執行猶予に繋げるため，帰住先及び福祉サービスの調整などを行う支援の取組を表す用語である．

[文献]

赤平守（2018）「地域生活定着支援センターにおける司法と福祉をつなぐ実践の現状と課題」『社会福祉研究』131, 47-57.

江口賀子・古川隆司（2011）「地域定着支援事業における司法と福祉の連携について一考察」『日本社会福祉学会第 59 回秋季大会研究報告概要集』（淑徳大学）, 276-7.

Felix P. Biestek（1957）The Casework Relationship,（=2006, 尾崎新ほか訳『ケースワークの原則——援助関係を形成する技法　新訳改訂版』誠信書房.）

福永佳也（2017）「いつでも相互につながれる安心感の構築——触法行為のあった知的障害者に対する司法・更生保護と社会福祉の連携プロセス」『更生保護学研究』11, 56-65.

古川隆司（2017）「刑事処分を受けた者の社会復帰支援の現況と課題——地域生活定着促進事業 10 年をむかえて」『龍谷大学矯正・保護総合センター研究年報告』7, 40-9.

法務総合研究所（2018）『平成 30 年版犯罪白書』日経印刷.

木内英雄（2017）「福祉に繋ぐは優良な刑事政策——埼玉県地域生活定着支援センターの取組」『罪と罰』54（3）, 28-33.

木下康仁（1999）『グラウンデッド・セオリー・アプローチ——質的実証研究の再生』弘文堂.

木下康仁（2003）『グラウンデッド・セオリー・アプローチの実践——質的研究への誘い』弘文堂.

木下康仁（2007）『ライブ講義 M-GTA ——実践的質的研究法 修正版グラウンデッド・セオリー・アプローチのすべて』弘文堂.

木下康仁（2014）『グラウンデッド・セオリー論』弘文堂.

Lazarus, R.S.and Folkman, S.（1984）Stress,appraisal and coping,Springer.（=1991, 本明　寛・織田正美・春木豊翻訳『ストレスの心理学』実務教育出版.）

水藤昌彦（2013）「社会福祉におけるとりくみと専門職の役割」藤原正範・古川隆司編『司法福祉——罪を犯した人への支援の理論と実践』法律文化社, 169-92.

森久智江・水藤昌彦・木下大生ほか（2018）「地域生活定着支援センター全国調査結果について」刑事立法研究会編著『「司法と福祉の連携」の展開と課題』現代人文社, 433-77.

森久智江（2018）「地域生活定着支援センターの課題と今後」刑事立法研究会編著『「司法と福祉の連携」の展開と課題』現代人文社, 479-500.

中村秀郷（2016）「更生保護領域のソーシャルワーク実践の困難性に関する一考察——刑務所出所者等の社会内処遇の困難性」『社会福祉士』23, 12-9.

中村秀郷（2018）「罪を犯した高齢者・障がい者のソーシャルワーク実践で直面する困

難性――地域生活定着支援センター職員へのインタビュー調査から」『司法福祉学研究』18，79-95.

中村秀郷（2019）「保護観察官がソーシャルワークで直面する困難性への対処プロセスに関する一考察――保護観察所の保護観察官へのインタビュー調査から」『社会福祉学』60（1），75-88.

中村秀郷（2020）「刑事司法領域の福祉的支援の困難性に関する研究――刑事司法制度の中の専門職に焦点を当てて」日本福祉大学大学院福祉社会開発研究科2019年度博士学位論文.

奥田幸生（2011）「高齢又は障害により自立が困難な者の特別調整について」『罪と罰』49（4），21-7.

塩崎ひかる（2019）「高齢出所者の地域定着に向けた支援の構造と課題――地域生活定着支援センター職員の語りの分析から」『社会福祉学』60（2），53-66.

宍倉悠太，岸恵子，木内英雄ほか「地域生活定着促進事業の現状と課題――事業開始からの6年を振り返って」『司法福祉学研究』17,118-23.

Uwe, F.（2002）Introduction to Qualitative Research, SAGE.（=2011，小田博志，山本則子，春日常・ほか翻訳『質的研究入門』春秋社.）

全国地域生活定着支援センター協議会（2015）『平成26年度「都道府県地域生活定着支援センターの支援に関わる矯正施設再入所追跡調査」報告書』.

全国地域生活定着支援センター協議会（2016）『平成27年度「都道府県地域生活定着支援センターにおける連携支援の実践に係る実態調査（事例）」報告書』.

全国地域生活定着支援センター協議会（2017）『平成28年度「都道府県地域生活定着支援センターにおける罪を犯した高齢・障害者への包括的福祉の支援と対象者の満足度に係る調査」報告書』.

犯罪を起こした知的障がい者を受け入れる職場における管理者の意識

——先駆的な一般企業と福祉事業所の比較を通して

Awareness Among Managers of the Employment of Individuals With Intellectual Disabilities
Who Have Committed Crimes: Comparison of Leading Corporations and Welfare Centers

瀧川賢司*

1 研究の背景と目的

(1) 研究の背景

　我が国では，2009 年に国連の障害者の権利に関する条約に署名した後，障がい者に関わる種々の法律の整備を進め，2014 年に同条約を批准した．それを受けて 2016 年 4 月から障害者差別解消法が施行され，いわゆる社会的障壁により継続的に相当な制限を受ける状態をもつ障がい者に対し，合理的配慮を提供する義務が生じることとなった．本研究では，近年，犯罪を起こした知的障がい者が矯正施設から退所した後の社会復帰への支援が社会的課題として注目されていることを受け，犯罪を起こした障がい者を対象として，特に知的障がい者（以下，当事者という）の「就労」を取り上げる．

　まず司法の視点から現状を述べる．法務省は，障がい者に限定していないが，矯正施設から退所した者に占める再入者の増加に対して再犯防止に注力し，再犯防止に向けた総合対策（法務省 2012）において，再犯防止対策の数値目標（出所後 2 年以内に再び刑務所に入所する者等の割合を 10 年間で 20％以上減少させる）を設定した．また「社会における居場所（住居）と出番（就労）を作る」

*社会福祉法人くるみ会 Link 就労移行支援事業所 就労支援員

として，矯正施設から退所した者が健全な社会の一員としてその責任を果たすことができるよう，適切な生活環境と一定の生活基盤を確保することとした．その後，再犯防止推進計画（法務省 2017）を制定し，刑務所に再び入所した者のうち約7割が再犯時に無職である現実を踏まえ，不安定な就労が再犯リスクとなっていることを挙げている．また矯正施設から退所した者の就労の課題として，前科等があることに加え，知識・資格等を有していないこと，社会人としてのマナーを身に付けていないこと，自らの能力に応じた適切な職業選択ができない等のため，一旦就職しても離職してしまう場合があると述べている．

　以上の課題に対し，矯正施設から退所後の就労の確保を目指し，国は職業適性等の把握，矯正施設における職業訓練等の充実，これまで協力雇用主のいない業種を含め多様な業種の企業等に対して協力雇用主の意義の啓発や身元保証制度や刑務所出所者等就労奨励金制度の活用等，雇用する側の不安や負担を軽減するための支援の充実を図るとしている（法務省 2017）．ただし，協力雇用主への雇用実績は登録した 18,000 の企業の約4%程度（法務省 2015）にとどまっていたことから，当事者である犯罪を起こした知的障がい者の雇用はこれよりもさらに厳しいと予想される．そして再犯防止推進計画には，就労意欲や障がいの程度等に応じて就労継続支援A型または同B型事業における就労の実現や生活困窮者自立支援法に基づく支援事業の積極的活用を図ることができるよう取り組んでいくと記されているが，現状では具体的な施策は検討中と考えられる．

　次に福祉の視点から現状を述べる．現状，矯正施設から退所した者の支援の流れは，彼らを支援した相談支援事業所における実際のケースの状況を探索的に整理した帰納的手法により，以下の3段階に分けられている．それは第1段階が医療，当面の住居の場，障害者としての社会的承認手続き，第2段階が各種福祉サービスの利用，経済的基盤，第3段階が就労であり（志賀 2013，のぞみの園 2014，大村ら 2015），就労は最終段階に位置付けられている．また実際，矯正施設から退所する当事者を福祉サービスにつなげる支援の現状について，小野ら（2011）によれば矯正施設から退所した者について障がい者支援施設への受け入れ[1] が 26.2% と少ない．その理由として「他の利用者への影響の心配」や「支援プログラムがない」ことを指摘している．ただし「ケースによっては受け入れを検討する」と回答した障がい者支援施設は6割弱であることか

ら，障がい者支援施設は当事者の受け入れの可能性は決して低いわけではなく，受け入れのための具体的な対策を求めていると考えられる．しかしながら，小長井（2018）は，知的障がい者を IQ だけで分類せずに，社会的能力を総合的に見て処遇の方向性を決めるべきであると述べ，知的能力に制約があっても，ある程度の社会適応性があり就労可能だと判断できれば，通常の処遇でも社会に送り出せる当事者が一定以上いると指摘している．また，瀧川（2016）は，福祉的就労を継続している当事者へのインタビュー調査を行い，犯罪歴のある人でも受容する職場の存在が当事者の犯罪から離脱するターニングポイントとなったこと，そのために当事者に対する偏見を社会全体で排除しなければならないことや仕事の能力を持った者を積極的に支援・雇用する事業所や企業を増やす必要性を指摘した．しかしながら，現状では当事者の就労を受け入れる支援に偏重していると言えよう．以上のことから出番となる「就労」を促進するための支援，つまり就労を受け入れてから継続するまでの全体を捉え，今後の当事者の受け入れのあり方を示す研究が求められている．

　なお本研究は，筆者の博士論文（瀧川 2018）の第 6 章「犯罪を起こした軽度知的障がい者の就労の受け入れ・継続の実績を有する先駆的な一般企業および福祉事業所の取り組み」の研究目的や調査結果の分析や検討について新規性・独自性を付加して改稿したものである．具体的には，研究目的にて当事者の就労に必要な新たな支援や制度への示唆を得るため，先駆的な一般企業と福祉事業所の管理者が考える当事者を受け入れる意向に関する特徴を比較検討することを明確にしたことである．また調査結果の分析や検討では，一般就労に向けた個別就労支援プログラムの考えである「place－then－train」という障がい者就労に関する職業リハビリテーションの理論を明示したこと，さらに従来から提唱されている矯正施設から退所した者の支援の考えに追加する視点として，不安定な就労が再犯リスクとなっている事実をもとに，敢えて退所後の第 1 段階では，住まいの確保のみならず積極的に就労も同時期から始めることが，当事者の生活自立と再犯防止の両立につながる視点を示したことである．

（2）本研究の目的

　そこで本研究では，当事者の就労を継続的に受け入れている一般企業および

福祉事業所が当事者の就労を受け入れてから継続するまでの流れを促進する取り組みの特徴を比較検討し，それらを踏まえて，今後の当事者の就労支援方策への示唆を得ることを目的とした．

（3）用語の定義

本研究では，先行研究（相田 2015）を参考にし，「犯罪を起こした」ことを「触法行為により警察に逮捕・起訴されて刑が確定した場合（実刑，執行猶予とも），逮捕されたが起訴猶予となった場合，逮捕されたが犯罪が軽微であるために釈放された場合，逮捕されずに在宅で取り調べられ，書類送検，略式請求により起訴された場合，そして少年事件の場合では家庭裁判所に送致された場合（保護処分決定，不処分，審判不開始，検察に逆送とも）」と定義した．また、本文では「障がい」と表記したが、この表記の方法については「障害」、「障碍」、「障がい」など種々の考えがある。本研究では内閣府の第 26 回「障がい者制度改革推進会議」（2010a）において検討された障害学における英米の社会モデルの「障害」という言葉が持つ負のイメージに対する関係者の問題意識や漢字の使用頻度 に鑑み「害」、「碍」を使用せずに「障がい」とした。ただし、公文書等や従来からの用語で漢字を使用している場合についてはこの限りではない。

2　研究方法

（1）調査対象

本研究はインタビュー調査をもとに進める．その調査対象は，犯罪を起こした知的障がい者を概ね 5 人以上支援した経験を有し，講演会やシンポジウム等で複数回以上登壇した実績のある一般企業および福祉事業所を中心に選定した．　ここで調査対象とした一般企業と福祉事業所を表 1 に示す．内訳は一般企業が 2 ヶ所（建設業，サービス業：各 1 ヶ所），福祉事業所が 5 か所（就労継続支援 A 型：2 ヶ所，就労継続支援 B 型 2 ヶ所，障害者就業・生活支援センター[2]：1ヶ所）の合計 7 ヶ所である．調査対象の一般企業・福祉事業所の所在地は，関東と関西地方の政令指定都市および中核都市である．また，インタビュー調査の対象者は管理者の方（一般企業は社長 2 名，福祉事業所は施設長およびセンター

表1　調査対象団体の種別と仕事の内容

就労受け入れ先の種別	仕事の内容	仕事の内容
一般就労	一般企業	建設業
	一般企業	サービス業
福祉的就労	就労継続支援 A 型事業所	サービス業
	就労継続支援 A 型事業所	サービス業
	就労継続支援 B 型事業所	清掃
	就労継続支援 B 型事業所	農業
	障害者就業・生活支援センター	清掃

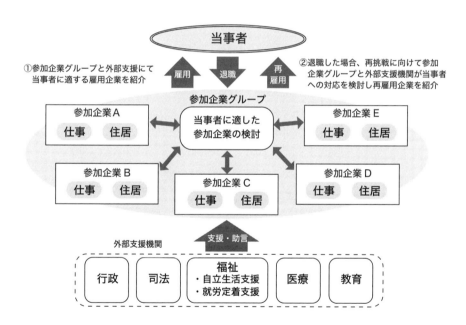

図1　一般企業グループと外部支援機関との就労継続支援システム

長5名）全7名とした．

　また調査対象とした一般企業は，図1に示すように，当事者の就労継続支援の特徴として，当事者を雇用する意向のある企業と支援・助言する外部機関（行政，司法，福祉，医療，教育）がグループを組み，まずは当事者に適するグループ内の企業が雇用し，仮に当事者がその企業で継続的に就労できなくなった場合，当事者を再び就労に挑戦させるためにグループの参加企業の中から対象者の特徴をもとに，より適した別の企業を選定し，引き継いで雇用することで継続的に就労できるような先駆的なシステムを有している[3]．

（2）調査方法

①調査枠組み

　研究の背景に示した矯正施設から退所した者の支援の流れの第3段階である「就労」について，本研究の目的に合わせ，ア．就労の受け入れ支援，イ．就労の継続支援の2つに分けて調査した．そして，インタビューガイドとしてそれぞれ2つの質問を設定した．

ア．就労の受け入れ支援に関する質問

　質問1：管理者が当事者の就労を受け入れることをどう意味付けしているのか．

　質問2：当事者の就労を受け入れるきっかけとなった出来事と受け入れる時の当事者の共感的理解は何か．

イ．就労の継続支援に関する質問

　質問3：当事者の就労の継続を可能にするために管理者はどのような対応をしているか．

　質問4：今後，さらに就労の受け入れを促進するために必要となる対応や制度等は何と考えているか．

②調査手順

　インタビュー調査ではインタビューガイドをもとに半構造化方法を用いた．インタビュー時間は1ヶ所あたり1.5～2時間で，インタビューの内容は，対象者である管理者の了解を得てICレコーダーに録音した．調査期間は，2016年10月から2017年4月である．

（3）データの解析方法

インタビュー結果の解析については，録音した内容を逐語録に起こし，逐語録を繰り返し読み全体を把握した上で，佐藤（2008）の方法を参考にコーディングを行い，カテゴリー化した．また分析した結果について客観性を持たせるため，質的研究に精通した教員からスーパーバイズを受けた．加えて，対象者に分析結果を示すことにより，修正等の有無を確認し，分析の精度を担保する配慮を行った．ここでコーディングした結果について，本文に記載する際にカテゴリーを【　】，サブカテゴリーを〈　〉，コードを「　」（一部抜粋あり），さらにインタビュー調査の対象者の言葉を『　』で示した．

（4）倫理的配慮

本研究は日本福祉大学倫理委員会の承認を受けて実施した（承認番号：14-21）．研究を行うにあたり 1.研究協力者に対する尊厳の尊重，2.協力者への十分な説明や研究協力に対する自由を保障すること，3.得られた情報の厳重管理，目的外使用の禁止等，4.研究結果の公開に際し研究のもたらす社会的・人道的配慮に十分注意する等などについて，事前に対象とする一般企業および福祉事業所の管理者に口頭および紙面で説明した．

3　結果

（1）質問1：管理者が当事者の就労を受け入れることをどう意味付けしているのか

本項では質問1に関するインタビュー調査から得られた逐語録をもとに，コーディングを行った結果を表2に示す．ここで3つのカテゴリーおよび一般企業と福祉事業所を合わせて8つのサブカテゴリーが得られた．表2ではサブカテゴリーを〈　〉で示し，その下にコードをまとめた．これ以降の質問の結果を示す表においても同様の形式にて整理した．

質問1の3つのカテゴリーは，【当事者の困難な境遇の理解】，【当事者の受け入れで得られる達成感】，【当事者のエンパワメント】である．まず【当事者の困難な境遇の理解】において，一般企業のコード「当事者の親代わりや身元

表2　質問1「管理者が当事者の就労を受け入れることをどう意味付けしているのか」に関する
一般企業と福祉事業所の意識

カテゴリー	一般企業	福祉事業所
当事者の困難な境遇の理解	〈身内と同じ意識をもった支援の意識〉 ・当事者の親代わりや身元引受人になる. ・当事者を24時間受け止めている. ・誰でも犯罪者になり得る.	〈ありのままの当事者の受け入れ〉 ・性善説にもとづく当事者のき前科は問題視しない. ・犯罪を起こしたことよりも働く能力があることを重視する. ・人の価値を測るいろいろな物差しを大事にしている. ・当事者が社会に債務があるのではなく社会が当事者に債務がある. ・当事者の働きたいという気持ちを入口で排除しない.
当事者の受け入れで得られる達成感	〈地域社会へ貢献することで得られる達成感〉 ・犯罪を起こした者でも地域社会に認めてもらえる. ・障害者雇用促進法を遵守することにより,CRS（企業の社会的責任）を果たすことができる.	〈支援者側が抱く達成感〉 ・当事者が更生され変わってくれたことに対する達成感が生まれる. ・当事者の心の悩みを自分のことのように受け止められる. ・就労の機会を提供することにより支援側の心も救われる.
当事者のエンパワメント	〈成長や能力向上への強い信念〉 ・常に「施設内でトップになれ！」と励ましている. ・当事者を認めてくれる環境を整えれば活躍の場が広がり,社会の戦力になる. ・当事者が褒められると自分の子どものことのように嬉しい感覚になる. 〈成功体験による自尊心の植え付け（当事者自身の変革）〉 ・仕事を真剣に打ち込むことで人間は変わることができる. ・自己有用感を上げないといけない.	〈就労能力の再認識〉 ・障がいを持った人がこんなに働けるなんて思ってなかった. ・罪を犯した人も社会では必要とされると考える. ・就労を通して当事者が困難を乗り越えていくことができる. 〈成功体験による自尊心の植え付け（職場環境の変革）〉 ・当事者が困難を乗り越えていくことで自尊心を保つことができる. ・当事者を認めてくれる環境により活躍の場が広がる.

引受人になる」等からは,当事者の身元引受人や親代わりといった通常ではなかなか手が出せないことに踏み込んでいたことが示され,〈身内と同じ意識をもった支援の意識〉がうかがえた.また福祉事業所では,「犯罪を起こしたことよりも働く能力があることを重視する」,「当事者が社会に債務があるのではなく社会が当事者に債務がある」等,就労能力があればほぼ無条件に就労機会を提供することが述べられ,〈ありのままの当事者の受け入れ〉が得られた.次に【当事者の受け入れで得られる達成感】において,一般企業では,「障害者雇用促進法を遵守することにより,CSR（企業の社会的責任）を果たすこ

とができる」のように企業が地域に貢献することで企業と地域が一体となった嬉しさが述べられ，〈地域社会へ貢献することで得られる達成感〉が示された．また福祉事業所では「当事者が更生され変わってくれたことに対する達成感が生まれる」や「当事者の心の悩みを自分のことのように受け止められる」等，職員の喜びや達成感に重点が置かれていたことから，〈支援者側が抱く達成感〉がうかがえた．そして【当事者のエンパワメント】において，一般企業では，「当事者を認めてくれる環境を整えれば活躍の場が広がり，社会の戦力になる」といったように〈成長や能力向上への強い信念〉をもっていた．一方，福祉事業所では，「障がいを持った人がこんなに働けるなんて思ってなかった」ように，〈就労能力の再認識〉にとどまったが，両者ともに知的障がいのある人は就労能力を持っているという認識では一致していた．また両者ともに〈成功体験による自尊心の植え付け〉が示され，一般企業では「仕事を真剣に打ち込むことで人間は変わることができる」，福祉事業所では「当事者が困難を乗り越えていくことで自尊心を保つことができる」ように，就労が当事者の変革につながることを述べている．

(2) 質問2：当事者の就労を受け入れるきっかけとなった出来事と
　　　　　受け入れる時の当事者への共感的理解は何か．

　質問2に関するインタビュー調査から得られた逐語録をもとに，コーディングを行った結果を表3に示す．ここでは3つのカテゴリー，一般企業と福祉事業所を合わせて9つのサブカテゴリーが得られた．

　質問2の3つのカテゴリーは，【支援者の辛い経験にもとづく当事者支援】，【当事者の現状を受け入れるための改革】，【外部から依頼された受け入れ経験の蓄積】である．まず，【支援者の辛い経験にもとづく当事者支援】において，一般企業では，「若い頃に不良行為・反社会行動をしていたことへの反省の気持ちがある」等から当事者を支援することによる社会に対する贖罪である〈支援者が若い頃に犯した悪事への償い〉や，「当事者は社会の戦力になれる」等から企業経営者として人材育成を行う意思である〈当事者の能力を活かす使命感〉が得られた．また福祉事業所では，「自分も当事者と同様に犯罪者になっていたかもしれない」等から〈福祉に関わる者がもつ当事者への共感力〉を示

表3　質問2「当事者の就労を受け入れるきっかけとなった出来事と受け入れる時の
当事者への共感的理解は何か」に関する一般企業と福祉事業所の意識

カテゴリー	一般企業	福祉事業所
支援者の辛い経験にもとづく当事者支援	〈支援者が若い頃に犯した悪事への償い〉 ・若い頃に不良行為・反社会行動をしていたことへの反省の気持ちがある. ・親や社会に対する懺悔の気持ちを持っている. 〈当事者の能力を活かす使命感〉 ・このままではもったいない. 当事者は社会の戦力になれる. ・まずはともあれ当事者を雇用してみようと思うことが重要である.	〈福祉に関わる者がもつ当事者への共感力〉 ・当事者の"悪さ"に対して共感できる. ・当事者は助けられるどころか逆に踏みつけられていたたまれない. ・自分も当事者と同様に犯罪者になっていたかもしれない. ・子どもの頃から障がい者が周りにいて偏見は無い. ・事業所内の仕事はできると思い受け入れたところ働ける能力を再認識した.
当事者の現状を受け入れるための改革	〈住まいだけでなく生活習慣を見直す場の提供〉 ・生活習慣を社会の中で徹底的に治す場所が必要である. そのために住む場所と道徳観を身に付ける中間的な場所が必要である. 〈当事者への怒りから受け入れる認知への意識改革〉 ・障がい者が犯罪を起こすことが無ければ被害者も出ない. 犯罪を起こした者への怒りだけでは世の中は変わらない.	〈社会保障制度の改変〉 ・働ける障がい者を優遇する法制度があっても良いのではないだろうか. 〈再犯防止に向けた就労の役割への認識〉 ・住まいも必要であるが, 住まいだけがあっても本人の役割である仕事がないと再犯してしまう.
外部から依頼された受け入れ経験の蓄積	〈理想とする支援方法の実現〉 ・犯罪防止プロジェクトへの参加を要請され, 自分が思い描いていた中間的な場所と共同で起業することになった. ・就労の受け入れが上手くいくと更に刑務所からの依頼が増えた.	〈支援方法に関する責任感・重圧感の軽減〉 ・支援当初から犯罪者支援の専門職であり, かつ信頼できる保護司と連携することで安心できた. ・行政から当事者を支援するように依頼され, 当事者の支援のやり方は全て任されたので好きなやり方で支援することができた.

していた. 次に【当事者の現状を受け入れるための改革】において, 一般企業では,「生活習慣を社会の中で徹底的に治す場所」として「住む場所と道徳観を身に付ける中間的な場所」の必要性が示され, 当事者が世の中にも受け入れられるための教育を受けるために,〈住まいだけでなく生活習慣を見直す場の提供〉が得られた. また福祉事業所では,「働ける障がい者を優遇する法制度」の必要性が示され,〈社会保障制度の改変〉が述べられた. そして,『犯罪を起こした者への怒りだけでは世の中は変わらない』と述べた一般企業の経営者がいた. この経営者は犯罪被害者であり, 以前は犯罪を起こした者を憎んでいたが, 犯罪が無くなれば犯罪被害者も出ないと考えを変えて, 刑務所から出所した者が再犯を起こさないために, 彼らを積極的に雇用していた. このように〈当事者への怒りから受け入れる認知への意識改革〉もみられた. また

「住まいだけがあっても本人の役割である仕事がないと再犯してしまう」から〈再犯防止に向けた就労の役割への認識〉という就労の効果が述べられた．そして【外部から依頼された受け入れ経験の蓄積】について，一般企業では，外部からの依頼に対して「自分が思い描いていた中間的な場所と共同で起業する」ことで雇用が上手くいったこと等から〈理想とする支援方法の実現〉が挙げられ，福祉事業所からは，「当事者の支援のやり方は全て任されたので好きなやり方で支援することができた」ことの結果として〈支援方法に関する責任感・重圧感の軽減〉が述べられた．

(3) 質問3：当事者の就労の継続を可能にするために管理者はどのような対応をしているか

質問3に関するインタビュー調査から得られた逐語録をもとに，コーディングを行った結果を表4に示す．ここでは4つのカテゴリー，一般企業と福祉事業所を合わせて15のサブカテゴリーが得られた．

質問3の4つのカテゴリーは，【当事者の居場所となる職場】，【当事者の就労の意識を変革する場】，【受け入れ側の特徴を活かしたチーム支援】，【チーム支援を通したメンバーの役割意識の改革】である．まず【当事者の居場所となる職場】において，一般企業では，「仕事のレベルを高くして本人に意味を持った忙しさを与える」等から〈当事者に合わせた成功例の付与〉が挙げられ，「マンツーマン教育」や「当事者が住み込みで支援を受ける」が示すように，企業内においても当事者を生活面から密に教育する〈企業就労を継続させるための中間的な場所の設置〉が得られた．また福祉事業所では，「当事者が逃げても再び戻って来られるような支援」等から〈最後まで見捨てることのない支援〉，「仕事を通して，認められなかった自分のことも認められる気付き」等から〈自己有用感を感じられる仕事〉，「「お疲れさん」という言葉を分かち合える仲間がいる」等から〈当事者同士のコミュニケーションの醸成〉，「性格に適した対応」や「能力アップを無理強いしない」ことから〈ストレスのない仕事〉が得られた．次に【当事者の就労の意識を変革する場】について，一般企業では，「今までの成育歴中で欠如した愛情を植え付ける」等からモチベーションを上げることによる〈当事者への現状認識と期待の伝達〉や，「自分に

表4　質問3「当事者の就労の継続を可能にするために管理者はどのような対応をしているか」に関する
　　　一般企業と福祉事業所の意識

カテゴリー	一般企業	福祉事業所
当事者の居場所となる職場	〈当事者に合わせた成功例の付与〉 ・仕事を真剣に打ち込むことで人間は変わる. ・就労定着率を上げるため, 仕事のレベルを高くして本人に意味を持った忙しさを与える. ・雇用の成功例が増えれば, 受け入れ先に合致した当事者支援の良いスパイラルが生まれる. 〈企業就労を継続させるための中間的な場所の設置〉 ・企業実習とマンツーマン教育を受けさせたり, カウンセリングを受ける施設が必要である. ・当事者が住み込みで支援を受ける.	〈最後まで見捨てることのない支援〉 ・当事者とは1～2年間かけて実の親以上の信頼関係を構築し, その後は親代わりとなって支援する. ・当事者が逃げても再び戻って来られるような支援が必要である. 〈自己有用感を感じられる仕事〉 ・仕事を通して, 認められなかった自分のことも認められる気付きが得られる. ・当事者が普段, 大事にしている思いに寛容になる. 〈当事者同士のコミュニケーションの醸成〉 ・一緒に働いてやり切ったという大変さや「お疲れさん」という言葉を分かち合える仲間がいる. ・事業所の仕事は当事者に任せると, 自然にリーダーが生まれて社会が出来上がる. 〈ストレスのない仕事〉 ・当事者の性格に適した対応ができている. ・当事者に能力アップを無理強いしない.
当事者の就労の意識を変革する場	〈当事者への現状認識と期待の伝達〉 ・コミュニケーションを絶やさずにモチベーションを上げる. ・今までの成育歴中で欠如した愛情を植え付ける. ・「お前は世の中のエースだから悪い事をしている場合ではない」ことを認識させる. 〈就労を通じた再教育〉 ・障害年金を受給いる人は, 自分にできることで良いから社会に恩返し（納税する, 健康になる等）する必要があると教えている. ・当事者に無理をさせず就労から逃げることを防ぐ. ・自己有用感を上げないといけない.	〈一般就労時の業務に対する厳しさの再認識〉 ・かつて一般就労していた時に身に付いた「仕事は頑張らなくてはいけない」という意識を再確認させる. ・自分の業務分担が終わっても指示があるまで休まずに緊張感を自覚させる. ・職場に着き, 業務時間になった瞬間から意識を仕事モードに変えて, 自分勝手な業務判断を禁止する.
受け入れ側の特徴を活かしたチーム支援	〈アウトリーチ型人材派遣と企業チームとの連携〉 ・当事者の最適な就労先を連携企業内で探す. ・支援を必要とする当事者にオンタイムで就労先をマッチングさせ, ハローワークのように支援員を待ってはいない. 〈福祉の知識を持つ人材の不足〉 ・連携企業の中には雇用した当事者の障がいに関する知識が乏しく, ケース会議等の対策が必要である.	〈相談支援事業所を中心とした役割の明確化〉 ・日中事業所系, グループホーム, 保護司, 定着支援センター, 行政などの関係機関に役割を担ってもらう. ・当事者支援を一つの事業所で受けると, 責任を全て背負うことになるため, 安易に受けない. ・保護司に再犯防止の役割を担ってもらうことで福祉職は福祉の果たすべき職務に専念できる安心感がある. 〈当事者の詳細な行動等の情報の早期共有化〉 ・当事者の様子がおかしいと思ったら, 同日中に保護司等に連絡する. ・当事者支援は職人技に近いので, 字面の情報だけでなく早期のケース会議で検討能力を磨く必要がある.
チーム支援を通したメンバーの役割意識の改革	〈企業出身者が福祉施設にて支援を行う意義〉 ・当事者を働く「エース」に育てるためには企業の中で支援するべき. ・入所施設の職員には企業においてサービス業の経験者でかつ対人スキルの高い人が必要である.	〈チーム支援によるメンバーの意識改革〉 ・多職種が応援団となって支援すれば, 当事者が困難を乗り越えていくことができる. ・働くことが積み重なり徐々に支援員間の信頼関係も深まっていく. ・チームで支援すれば, 当事者が再犯しても「そんなこともあるわな」と言える雰囲気に変わっていく.

できることで良いから社会に恩返し（納税する，健康になる等）する必要」を
教えることによる〈就労を通じた再教育〉が示された．また福祉事業所では，
「かつて一般就労していた時に身に付いた「仕事は頑張らなくてはいけない」
という意識を再確認させる」等による〈一般就労時の業務に対する厳しさの
再認識〉が得られた．また【受け入れ側の特徴を活かしたチーム支援】におい
て，一般企業では，当事者を雇用する意向のある企業が連携し，人材派遣の担
当企業が各企業の雇用したい人材の条件をもとに矯正施設等に働きかけ，当事
者の志向や能力に応じて条件に合う人材を積極的に採用する方法として「当事
者の最適な就労先を連携企業内で探す」等による〈アウトリーチ型人材派遣と
企業チームとの連携〉や，「障がいに関する知識が乏しく，ケース会議等の対
策が必要」等による〈福祉の知識を持つ人材の不足〉が示された．また福祉事
業所では，相談支援事業所を中心にした「関係機関に役割を担ってもらう」や，
「保護司に再犯防止の役割を担ってもらうことで福祉職は福祉として本来果た
すべき職務に専念できる安心感がある」等による〈相談支援事業所を中心とし
た役割の明確化〉や，「早期のケース会議で検討能力を磨く必要である」等に
よる〈当事者の詳細な行動等の情報の早期共有化〉が示された．そして【チー
ム支援を通したメンバーの役割意識の改革】において，一般企業では，「入所
施設の職員には企業においてサービス業の経験者でかつ対人スキルの高い人が
必要である」等から〈企業出身者が福祉施設にて支援を行う意義〉や，福祉事
務所では「当事者が再犯しても「そんなこともあるわな」と言える雰囲気に変
わっていく」のように当事者への寛容な気持ちが更に深まることを示す〈チー
ム支援によるメンバーの意識改革〉が得られた．

（4）質問4：今後，さらに就労の受け入れを促進するために必要となる対応
　　　　や制度等は何と考えているか

　質問4に関するインタビュー調査から得られた逐語録をもとに，コーディン
グを行った結果を表5に示す．ここでは2つのカテゴリー，一般企業と福祉事
業所を合わせて7つのサブカテゴリーが得られた．
　質問4の2つのカテゴリーは，【就労の継続を促進する現行制度の補完】，
【就労の継続を促進する新規制度案】である．まず【就労の継続を促進する現

表5　質問4「今後，さらに就労の受け入れを促進するために必要となる対応や制度等は何と考えているか」
に関する一般企業と福祉事業所の意識

カテゴリー	一般企業	福祉事業所
就労の継続を促進する現行制度の補完	〈雇用するインセンティブ〉 ・当事者を雇用する企業に対する補助金制度や優先的な入札制度（従来の制度）や法定雇用率の算定におけるダブルカウント，最低賃金保障（新たな制度）. 〈福祉事業所への強制的な受け入れ措置〉 ・協力雇用主や就労継続支援A型事業所に対して，最低賃金を補填する代わりに，強制的に当事者を受け入れる制度も必要と思われる.	〈就労の機会を提供するインセンティブ〉 ・当事者を受け入れる事業所に対する補助金制度（従来の制度）や各種加算制度（就労の機会を提供する際の加算，専門の職員を雇用する際の加算，犯罪を起こした障がい者の単価を上げる障害福祉区分の改訂など）を充実させる（新たな制度）.
就労の継続を促進する新規制度案	〈当事者のニーズと雇用を希望する企業とをつなぐシステム〉 ・全国の当事者の就労に関する情報をデータベース化して雇用側の企業が探しやすくする. ・雇用する企業に必要な情報（就労能力，資格，思い等）を企業にプレゼンテーションする. 〈当事者を就労に再挑戦させるシステム〉 ・当事者が一旦就労した後，仕事が合わなくなった時に新たな職場を探す企業集団を立ち上げる.	〈新たな施設保険〉 ・当事者に就労の機会を提供する施設内でトラブルが発生した場合の損失分を保障する保険等を創設する. 〈世の中への啓発活動〉 ・就労の機会を提供している福祉事業所等についてマスコミが世の中に啓発することが必要である. ・全国を回り当事者の就労の機会を提供することは決して難しくないことを話したい.

行制度の補完】について，一般企業では，「当事者を雇用する企業に対する補助金制度」,「優先的な入札制度」,「法定雇用率の算定におけるダブルカウント」,「最低賃金保障」等から〈雇用するインセンティブ〉が示された. また「協力雇用主や就労継続支援A型に対して，最低賃金を補填する代わりに，強制的に当事者を受け入れる制度も必要」から〈福祉事業所への強制的な受け入れ措置〉が示された. ここでは，『犯罪を起こした障がい者の受け入れに努力し成果が上がるにつれ，次々と矯正施設や地域生活定着支援センターなどから受け入れを依頼されるようになってきた. 本来は当事者を受け入れするべき福祉事業所の努力が不足しているのではないか.』と述べる管理者がいた. 一方，福祉事業所では，「当事者を受け入れる事業所に対する補助金制度」や「各種加算制度（就労の機会を提供する際の加算，専門の職員を雇用する際の加算，犯罪を起こした障がい者の単価を上げる障害福祉区分の改訂など）を充実させる」から一般企業と同様に〈就労の機会を提供するインセンティブ〉が示され，当事者を受け入れたことに対する優遇措置が述べられた. そして【就労の継続を促進す

る新規制度案】について，一般企業では，「全国の当事者の就労に関する情報をデータベース化して雇用側の企業が探しやすくする」等から〈当事者のニーズと雇用を希望する企業とをつなぐシステム〉が示され，図1に示すような「仕事が合わなくなった時に新たな職場を探す企業集団を立ち上げる」から〈当事者を就労に再挑戦させるシステム〉が得られた．一方，福祉事業所では，「当事者に就労の機会を提供する施設内でトラブルが発生した場合の損失分を保障する保険等」から〈新たな施設保険〉が示され，「全国を回り当事者の就労の機会を提供することは決して難しくないことを話したい」からは〈世の中への啓発活動〉が示された．

4　考察

　考察として，質問1〜4に関して一般企業と福祉事業所の特徴をもとに．当事者を受け入れることやその継続を促進するための支援方策について以下に記した．

（1）質問1：管理者が当事者の就労を受け入れることをどう意味付けしているのか

　今回，調査した先駆的な一般企業の管理者は，当事者の身元引受人になって親代わりの対応をしていたことや当事者の就労能力向上により社会の戦力なれるという強い信念をもっていた．これは一般企業の管理者は，陳（2007）が述べているように，当事者を受け入れる意味付けとして，"就労は成長発達をもたらすという信念"を当事者に対して持っていることを示し，その結果，当事者のコンピテンス（本能的もしくは生得的かつ学習的に，環境を自らの選択によって効果性を有する方向へと操作する能力）が触発され続けたと考えられる．また特徴的な点として，一般企業は，犯罪を起こした当事者を家族メンバー同士が互いに持っている有用なリソースを活用しながら守ることで当事者に贖罪の念を想起させ，人生課題を解決する過程で喜びや励ます経験を働きかける"家族内エンパワメント"（佐々木 2017）を当事者の就労生活の中で実施している事例もあった．当事者の中には家族との縁が切れてしまった者が少なくないこと

から，家族との絆を想起させるような対応は有効であると考えられる．

一方，福祉事業所は，〈ありのままの当事者の受け入れ〉が示すように，知的障がい者への「パターナリズムにもとづいた障害観」（花崎 1999）を排除していることであった．また今回の福祉事業所は，受け入れた当事者の再犯による社会的信用の失墜のリスクがあるにも関わらず，社会福祉法人の使命の一つであるセーフティネットと意味付けて当事者を受け入れていた（全国社会福祉法人経営者協議会 2014）．

以上を踏まえて，当事者を受け入れることやその継続を促進するための支援方策への示唆について考えてみる．まず行政または当事者の受け入れに関して成果を上げている団体が支援主体となり，受け入れに消極的な一般企業や福祉事業所に対し，受け入れまでの過程と必要なノウハウおよびメリット・デメリットを丁寧に説明し，理解を得ていく活動が必要であると考えられる．その後，受け入れを決めた一般企業や福祉事業所は職員や利用者の家族や保護者等にその旨を説明し，内部における理解獲得の活動も進める必要があるだろう．また福祉事業所では，職場の同僚による当事者間のピアサポートが自然に計画的になされること，そして行政等は当事者が働き手として期待を持たせることで犯罪への不安を払拭する等の丁寧な説明を行う必要があると考えられる．

(2) 質問 2 : 当事者の就労を受け入れるきっかけとなった出来事と受け入れる時の当事者の共感的理解は何か．

一般企業の管理者には若い頃の辛い経験や悪事を働いていた経験が当事者支援へ向かわせていた．例えば，一人の管理者は，反社会的な組織に所属していたため社会に対する償いとして当事者支援を始めた．その結果，「当事者は社会の戦力になれる」と当事者の就労の可能性に気付き，まずはともあれ雇用することの重要性を認識したと考えられる．福祉事業所においても，「働ける能力を再認識した」と述べられ，両者ともに当事者を受け入れた後に彼らの就労能力に関する可能性を認識していた．また生活習慣を社会の中で徹底的に治す中間的な場所の必要性も述べられた．インタビューで聞き取った事例の知的障がい者には，一般就労の経験のある方等，職業準備性ピラミッドにおける「職業適性」，特に体力，器用さ，作業速度などの作業力に関して一般就労の

レベルに近い方もいたことを考えると，個別就労支援プログラム（Individual Placement and Support. 以下，IPS という.）の考え方にもとづいていると考えられる（内閣府 2010b）．IPS では，本人が「働きたい」という希望があれば，一般の職に就けるという強い信念に基づき，ケアマネジメントの手法を用いて，本人の好みや長所に注目した求職活動と同伴的な支援を継続する「place − then − train：早く現場に出て仕事に慣れる」方法を取っている．吉開（2014）も就職後に労働者として成長していくことを考えれば，「就職してから訓練」という考えは実際の雇用につながりやすく，就労の継続もしやすくなると指摘している．

また，福祉事業所の管理者は，福祉に関わる者は犯罪を起こした者に対しても共感する力を持つことを示した．しかし，研究の背景で述べたように，「他の利用者への影響の心配」（小野ら 2011）のために就労の機会を提供に踏み込めずにいた．その対策として，〈支援方法に関する責任感・重圧感の軽減〉において，支援当初から信頼できる保護司と連携できたことで安心感が増し，支援のやり方を全て任されたことで主体的に支援に踏み出すためのきっかけとなったと考えられる．

以上を踏まえて，当事者を受け入れることやその継続を促進するための支援方策への示唆として，一般企業や福祉事業所は当事者が犯罪を起こしたという先入観にとらわれずに，就労支援という視点をもとにまずは働く能力を重視することが求められると思われる．そのためには，職員にはサービス業経験者や対人スキルの高い人，企業における仕事を理解している人材も必要であろう．そして，当事者に対して日常の生活習慣の見直しや道徳観を身に付ける場や司法関係機関等，従来の障がい者よりも高度な支援機関との連携が求められると考えられる．

（3）質問 3 ：当事者の就労の継続を可能にするために管理者はどのような対応をしているか

ここでの管理者の対応の特徴は，当事者の居場所となる職場とチーム支援の実現である考えられる．すなわち当事者の居場所となる職場とするため，一般企業の管理者は当事者に合わせた成功例と彼らへの期待を表明することを強調

していた．特に「仕事のレベルを高くして本人に意味を持った忙しさを与える」ことで当事者が担っている仕事の重要性を積極的に認識させ，仕事へ打ち込む姿勢を確立させていたと考えられる．それに対して，福祉事業所では本人を最後まで見捨てず，仲間とのコミュニケーションを醸成しつつストレスのない職場を実現していた．またチーム支援では，一般企業は図1に示すように，雇用したい人材の条件をもとに，当事者の雇用を希望している企業グループを形成し，当事者の志向や能力に応じて条件に合う人材を積極的に採用する方法を重視していた．この活動により，現状の就労支援や住まいの確保だけでは当事者が働き続けることは困難であり，一般企業は就労前や就労中の当事者に対し，日常生活に必要な教育の場も同時に提供しなければ就労は継続しないことがわかった．それは，奥田ら（2014）が述べているような社会的就労，つまり即座に一般就労に従事することができない場合の訓練や社会参加に重点を置いた就労に相当するであろう．今回の一般企業では，当事者の教育・訓練やカウンセリングを行う中間的な場を設けている点において社会的就労の考えが含まれていると言えよう．一方福祉事業所は，相談支援事業所を中心にした関係支援機関に明確な役割を担ってもらい，情報共有しながら就労を継続させることを重視していた．

　以上を踏まえて，当事者を受け入れることやその継続を促進するための支援方策への示唆は，当事者の能力を活用できる仕事や成長を促す仕事が与えられる職場とすることである．そのためには，受け入れ側の一般企業や福祉事業所は当事者に向けて当事者の強みや弱みを把握し，本人の将来に向けた志向や性格を考慮した業務の目標を設定することが必要であると思われる．また当事者には住まいと就労を同時に提供し，企業の職員が仕事の指導だけでなく当事者の日常生活や教育の世話を担当することで，再犯防止と就労継続の両立に近付くことができると考えられる．

(4) 質問4：今後，さらに就労の受け入れを促進するために必要となる対応や制度等は何と考えているか

　一般企業と福祉事業所ともに当事者を受け入れする際のインセンティブ（補助金制度，入札制度，受け入れる時や専門職員を雇用する際の加算，法定雇用率の

算定方法等）の必要性を挙げていた．また，当事者を受け入れるための新たな促進案について，一般企業と福祉事業所との間で就労継続に対する考え方に違いがみられた．そのため，当事者の受け入れに限定した新たな施設保険制度などのリスクマネジメントを重視していた．

したがって，当事者を受け入れることやその継続を促進するための支援方策への示唆として，一般企業では個々の企業の求める当事者を雇用しやすいシステムの構築が必要であると考えられる．ただし，企業側の都合のみで決められることなく，あくまで当事者の能力や意思を反故にするものであってはならない．また福祉事業所では当事者を受け入れる際の安心感が得られる施策等が求められるであろう．

以上，当事者支援としての就労は探索的に整理された帰納的手法により第3段階に位置付けられてきたが，4つの質問を通して，本研究では，1．研究の背景と目的で述べた不安定な就労が再犯リスクとなっている調査結果をもとに，敢えて積極的に就労を住まいの確保と同時期，つまり第1段階から始めることが，当事者の就労に結びつくと考えた．そして，効果的な就労継続支援を提供することで，当事者の生活自立と再犯防止の両立につながると思われる．

5　研究の結論と限界

（1）研究の結論

本研究の結果をもとに，当事者の就労の受け入れを行っている先駆的な一般企業・福祉事業所の取り組みについて，当事者の雇用および就労機会の提供に関する特徴を明らかにするとともに当事者の就労の受け入れ・継続を促進するための支援方策への示唆を示すことができた．一般企業では，当事者の就労能力を見極めてグループ内の企業へマッチングすること，離職しても当事者に適する他の企業にて就労を継続できるシステムがあること，仕事ともに住まいも提供すること，社会性を身につけるために当事者を教育する中間的支援（支援者との犯罪行為についての振り返り，小中レベルの学習支援等）を行っていること等が特徴であった．すなわち，一般企業では当事者のニーズと雇用を希望する企業グループ内で最適にマッチングすることや仕事が合わなかった場合に新た

な雇用先を探索する必要性が示すように，当事者が最適な場所で働けることを就労継続と捉えていた．また，福祉事業所では，受け入れた事業所で働き続けることを就労継続と捉え，就労能力を重視していること，複数の支援機関全体で生活も含めて支援すること，再犯しても継続して受け入れている等が特徴であった．そして，両者に共通な特徴は，就労能力を重視した受け入れ，就労継続を支援するシステム，就労と生活の両面からの支援であった．

(2) 研究の限界と今後の課題

　本研究では，先駆的な一般企業・福祉事業所として合計7つの取り組みを取り上げただけであり，これが一般化できるまでには一層の事例研究が求められるであろう．また本来，当事者の生活自立を実現するためには，仕事や住まいといった場を与えられるだけでなく，彼らを支えるソーシャルワーカーの取り組みとして，地域生活定着支援センター，障害者生活・就労支援センター，基幹相談支援事業所等が連携して当事者を支援する具体的な事例についての調査も必要であると思われる．これらを通して，当事者に対して更なる効果的な支援方策の示唆が得られると考えられる．

［謝辞］
　今回，当事者の就労の受け入れ・継続に取り組んでおられる一般企業および福祉事業所の管理者の方々には，ご多忙にも関わらずインタビュー調査にご協力を頂きました．また本研究を行うにあたり日本福祉大学の山崎喜比古教授にご指導頂きました．そして，本研究の費用の一部は公益財団法人日工組社会安全研究財団より助成して頂きました．以上，心より厚く御礼申し上げます．

　　［注］
　1）ここで障害者支援施設は，障害者自立支援法における知的障害者入所施設，同授産施設，旧知的障害者入所更生施設，同入所授産施設を指している（小野ら 2011）．なお，本研究で取り上げた福祉事業所は，いわゆる障害者総合支援法の第5条13，14に記載された就労移行支援および就労継続支援の障害福祉サービスを実施する事業所である．
　2）研究で調査対象とした障害者就業・生活支援センターは，行政から障がい者を清掃作業に従事する委託業務を受けている．今回は福祉事業所として対象に含めた．

3）本研究で取り上げた一般企業および福祉事業所は，当事者の受け入れ経験や講演会等の啓発活動が豊富であり，また図1のようなグループを形成し外部支援機関と協力して就労継続支援システムを構築した他に例がなく，これらの活動を「先駆的」と呼ぶこととした．

［文献］

相田孝正，八重田　淳（2015）「罪を犯した障害者の犯罪歴の伝達に関する研究～特例子会社を対象とした意識調査～」『職業リハビリテーション』28（2），2-9.

陳　麗婷（2007）「知的障害者の一般就労に影響を及ぼす要因の解明」『社会福祉学』48（1），68-80.

花崎三千子（1999）「動き出した本人活動」松友了編著『知的障害者の人権』明石書店，149-150.

法務省（2012）『再犯防止に向けた総合対策　平成24年7月　犯罪対策閣僚会議』（http://www.moj.go.jp/content/000100471.pdf）

法務省（2015）「「協力雇用主」を募集しています（パンフレット）」（http://www.moj.go.jp/content/001146723.pdf）

法務省（2017）『再犯防止推進計画　平成29年12月15日　閣議決定』
（http://www.moj.go.jp/content/001242753.pdf）

小長井賀與（2018）「罪を犯した人の地域社会への再統合－司法と福祉の連携の課題と展望-」『社会福祉研究』131，22-29.

内閣府（2010a）「第26回「障がい者制度改革推進会議」」

内閣府（2010b）「ユースアドバイザー養成プログラム（改訂版）」

のぞみの園（2014）『福祉の支援を必要とする矯正施設を退所した知的障害者等の地域生活を支える相談支援を中心とした取り組みに関する調査・研究報告書』独立行政法人　国立重度知的障害者総合施設のぞみの園.

奥田知志，稲月　正，垣田裕介ほか（2014）『生活困窮者への伴走型支援－経済的困窮と社会的孤立に対応するトータルサポート－』明石書店.

小野隆一・木下大生・水藤昌彦（2011）「福祉の支援を必要とする矯正施設等を退所した知的障害者等の地域生活移行を支援する職員のための研修プログラムに関する調査研究（その1）」『研究紀要第4号（平成22年度）』，独立行政法人国立重度知的障害者施設のぞみの園，1-14.

大村美保・相馬大祐（2015）「矯正施設を退所した障害者の地域生活支援に関する研究」『司法福祉学研究』15，32-45.

佐々木政人（2017）「家族ソーシャルワークを再考する－エンパワメント理論を基礎に－」

　　『愛知淑徳大学論集　福祉貢献学部篇』7, 79-96.

佐藤郁哉（2008）『質的データ分析法　原理・方法・実践』新曜社.

志賀利一（2013）「矯正施設を退所した知的障害者の支援－のぞみの園における調査研
　　究の概要－」『さぽーと』2013.12, 44-49.

瀧川賢司（2016）「犯罪を起こした主として知的障がいを持った人の就労を通じた変容過程
　　－変容の引き金となる要因とそれを維持する要因－」『中部社会福祉学研究』, 7, 15-25.

瀧川賢司（2018）「犯罪を起こした軽度知的障がい者の就労を軸とした生活自立に向け
　　た過程における促進および阻害要因に関する研究　－支援方策への示唆を求めて－」
　　日本福祉大学　福祉社会開発研究科 博士論文

吉開多一（2014）「犯罪・非行をした者に対する就労支援の現状と課題（独立行政法人日
　　本学術振興会科学研究費助成事業基盤研究（C）「子どもの非行・虐待防止のための
　　地域社会ネットワークの実証的研究』報告）」『早稲田大学社会安全政策研究所紀要』
　　7, 281-300.

全国社会福祉法人経営者協議会（2014）『地域から信頼される社会福祉法人となるために』

特別寄稿

Special Contribution

Social Work in the Criminal Justice System:

Rationale and Evidence-Informed Practices in the United States

Anna Scheyett [*]

Introduction

Individuals are sometimes surprised to hear that social work is involved with the criminal justice system in the United States. The frameworks and objectives seem very different. However, social work has an important role to play in the criminal justice system; in fact, our value system requires that we be involved with this vulnerable population. In this paper, I will articulate some of the reasons for social work's involvement in criminal justice. I will then examine one aspect of the criminal justice system-incarceration-in the United States with some comparisons to Japan. Following this, I will discuss a number of evidence-informed interventions and the roles for social work in each, closing with some thoughts on ethical tensions faced by social workers in the criminal justice system.

Why Social Work in Criminal Justice?

As stated by the International Federation of Social Work, social work is a practice-based profession and an academic discipline with principles of social justice, human rights, collective responsibility, and respect for diversities (IFSW, found at https://www.ifsw.org/global-definition-of-social-work/ , italics added). Similarly, the National Association of Social Workers state that the mission of social work is to enhance well-being and help

[*] PhD, MSW, Dean and Professor, School of Social Work,
University of Georgia, Athens, GA United States

meet basic human needs, with particular attention to those who are vulnerable, oppressed, and living in poverty (NASW, found at https://www.socialworkers.org/about/ethics/code-of-ethics/code-of-ethics-english , italics added).

Given these principles and mandates, it is clear that social work must be involved in the criminal justice system. As will be discussed in greater detailed later, the justice-involved population is disproportionately poor and socially vulnerable, with multiple complex needs Social workers can be helpful in identifying and addressing the issues that precipitate justice-involvement and that create challenges upon re-entry into the community. Skills such as engagement and assessment assist in the identification of needs and issues; case management and advocacy help link justice-involved individuals to needed resources; clinical skills address underlying trauma, addiction, and mental illnesses, and social work's ability to see systems and contexts ensures that environmental issues and relationships are addressed to maximize the individual's potential for success.

Incarceration in the United States

Rates

The United States has five percent of the world's population, but over 20 percent of the world's prisoners (Pettus-Davis & Epperson, 2016). As of 2017 (the most recent year for which data could be found), the prison rate in the United States was 655 per 100,000; of these 215 per 100,000 were pre-trial detainees (29.8%). The total prison population in the United States was 2,121,600 (Bureau of Justice Statistics, 2019).

To get a sense of the atypicality of these statistics, let us compare the United States to Japan (from the World Prison Brief, found at http://prisonstudies.org).
- Prison rate per 100,000: 655 in United States   41 in Japan
- Pre-trial percentage: 29.8% in United States 10.8% in Japan
- Number of prisons   4,455 in United States 188 in Japan

• Prison occupancy rate   103.9% in United States 66.8% in Japan

With such a high rate of incarceration, one would expect to see that this incarceration had a significant positive impact; why would an individual's freedom be taken away unless there was good reason to believe it would change the individual's behavior and increase community safety? Interestingly, the data suggest that incarceration is not effective at preventing additional future crimes. One study indicated that 83 percent of prisoners released in 2005 were arrested at least once over the next nine years (Bureau of Justice Statistics, 2018).

As social workers, this statistic should concern us greatly. The potential causes of this recidivism are exactly the factors that social work can address. Evidence suggests that incarceration results in numerous negative outcomes, which make success upon community re-entry more difficult and recidivism more likely. These include factors such as loss of relationships and pro-social connections in the community, the loss of prior employment and housing (Pettus-Davis & Epperson, 2015), and significant emotional harm from experiences within incarceration settings such as solitary confinement. It is estimated that 20% of imprisoned individuals experience solitary confinement, and these individuals are disproportionately minorities or living with a mental illness. Solitary confinement can have significant negative impacts, including impairment in perception, cognition, and affect (Wilson, n.d.).

Community success after a felony conviction is particularly challenging in the United States. After re-entry into the community, an individual with a felony conviction may be banned from receiving food assistance or housing assistance; laws vary from state to state. Similarly, in a number of states individuals with a felony conviction cannot vote and are disenfranchised from their government. In addition, the informal stigma attached to a felony conviction can result in damaging discrimination, making employers and landlords reluctant to work with former felons (The Appeals Group, found at https://www. appealslawgroup.com/the-impact-of-a-felony-conviction/). With most pro-social avenues for survival closed, return to crime seems a likely alternative.

Disparities and Vulnerabilities

Data clearly indicate large racial and ethnic disparities in rates of imprisonment in the United States. Incarceration rates per 100,000 in 2017 were 272 for White, 823 for Hispanic, and 1,549 for African American. When considered in proportion to the general United States population, the White population is 73 percent of the general population but only 29 percent of the prison population. By comparison, African Americans are 13 percent of the general population and make up 32 percent of the prison populations, and Hispanic individuals are 17 percent of the general population but make up 23 percent of the prison populations (Bureau of Justice Statistics, 2019).

Disparate experiences based on race are seen at every step of the process. Well-documented racial profiling results in people of color being stopped more frequently by police (Wilson, n.d.), and when stopped, to more frequently experience excessive police force (Motley & Joe, 2018). African Americans typically receive more severe charges for the same action and sentences that are 20 percent longer than those given to Whites (Bushway & Piehl, 2001).

Race and ethnicity are not the only factors resulting in disparities in incarceration. Incarcerated individuals are more likely to come from impoverished childhoods, have low earnings before incarceration, and be unemployed prior to incarceration (Brookings Institute, 2018). Individuals with mental health disorders and cognitive disorders are also disproportionately represented among incarcerated populations. About one-half of prisoners and two thirds of jail inmates had evidence of a mental health disorder in 2012. These inmates were more likely to have a history of prior arrests, to have spent a longer time incarcerated, and to have been charged with assault while incarcerated. However, these same individual with mental health disorders reported receiving treatment only about one third of the time (Bronson & Berzofsky, 2017). Trauma, commonly linked with mental health disorders, is present at high frequency in incarcerated populations. Childhood sexual abuse was reported by 70 percent of women in prison and 50 percent of men, and PTSD was reported in 48 percent of a prison sample (Briere, Agee & Dietrich, 2016).

Intellectual and developmental disabilities are also over-represented in prison populations, with rates between 10 percent and 19.5 percent, compared with a general population rat of 0.9 to .4 percent (Bureau of Justice Statistics, 2015; Hellenbach, Karatzias & Brown, 2017). A final over-represented group in incarcerated populations is those with substance use disorders. A study of inmates in 2009 found that nearly two thirds had substances present in their system at the time of their crime. Nearly 60 percent of these prisoners met criteria for drug use or dependence, compared with less than five percent of the general populations (BJS, 2009).

Social Work and Evidence-Informed Interventions in Criminal Justice

From the above discussion it is clear that individuals who are justice involved are disproportionately minority, poor, and with behavioral health disorders. They are multi-challenged and vulnerable. It is also clear that the United States over-incarcerates, with little success to show for all this incarceration. This is an issue of social justice, and one where social work must be at the forefront. What roles can social workers play in the criminal justice system if we seek to protect vulnerable populations from over-incarceration, ensure they receive needed services, and re-enter the community with a maximal chance for success?

To structure this discussion, I will use the Sequential Intercept Model, a framework initially used to prevent unnecessary involvement of people with behavioral disorders in the criminal justice system, but which is illustrative of the larger issues and the roles social work can play. The model identifies five points where community interventions can interrupt standard processing of crimes. This keeps the individual from receiving more intensive criminal justice action than necessary and prevents them from going deeper into the criminal justice system than needed (Policy Research Associates, 2017). At each of these five points, or intercepts, social workers can play an important role, ensuring that justice-involved individuals are treated in ways that promote social justice and supports rather than simply punishment. For each intercept, I will identify and discuss an evidence-informed practice appropriate for social work intervention.

The five intercepts are:

1. Law Enforcement and Emergency Services
2. Initial Detention or Hearing
3. Jails/Courts
4. Re-entry
5. Community Corrections

Intercept 1: Law Enforcement and Emergency Services

At this first intercept point, one of the evidence-informed interventions where social workers can play an important role is Crisis Intervention Teams (CIT). The goal of CIT is to build a community system whereby individuals who come in contact with the law do not end up in the justice system, but are rather diverted by police to the healthcare system to treat their underlying behavioral health issues. Research has shown (Watson, Compton & Draine, 2017) that CIT can:

- Improve police knowledge and attitudes towards people with serious mental illnesses;
- Reduce use of force and increased verbal engagement by police;
- Decrease arrests and increased transport to mental health treatment;
- Increase efficiency in police departments;
- Increase confidence in behavioral health & police; and
- Possibly result in modest community savings

For CIT to be effective, several elements must be in place (http://www. citinternational.org/resources/Documents/CIT%20Program%20Overview.2017.pdf) First, the community must support and feel ownership of the initiative—if the community is angry and believes individuals should be arrested rather than sent to treatment, the model cannot succeed. Here social workers can play important roles as community organizers and as community educators, talking with the community and educating them about the CIT model and its effectiveness.

In addition to educating the community, CIT effectiveness requires intensive training for law enforcement and first responders. These front line individuals must learn to recognize the signs of behavioral health distress, how to de-escalate situations with behavioral health components, how to determine whether an individual requires hospitalization or booking into jail, and how to communicate effectively with behavioral health providers about the individual. Similarly, behavioral health providers must understand the CIT model and be responsive to the outreach from law enforcement. They must work as a team together to ensure the individual receives needed care in a timely manner. Here social workers play important roles as trainers for both law enforcement and behavioral health providers, and as facilitators of the communication and collaboration needed for these two systems to work together.

CIT is only effective if there is a strong behavioral health crisis response system, with 24-hour, seven-day-a-week access to trained professionals, crisis beds, medication, and observation units. Social workers play central roles here as clinicians in crisis settings, providing direct behavioral health care in crisis units, and also engage in system building to strengthen the services within the crisis system of care and the communication among the different parts of the system.

To be truly recovery focused, CIT must have the involvement and participation of service users and families. Service users and families have important information about current crisis system flaws and ways that services could be improved. Social workers can serve as allies and advocates here, making sure the voices of service users and the families are included in planning and evaluation of services.

Intercept 2: Initial Detention or Court Hearing

At initial detention and their initial hearing, individuals with mental illnesses are often confused, afraid, unable to explain themselves and their situations well, or sometimes to control their emotions. Social workers can play key roles at this important time. They can provide a case management function and help the individual access needed care and medication even while incarcerated. In addition, they can serve as advocates for the individual, explaining the process to them and explaining mitigating circumstances to the court.

Perhaps one of the most important advocacy actions a social worker can take is to advocate for the individual's release, if they are non-violent and safe in the community, irrespective of their ability to pay bail. Bail, the temporary release of an accused person awaiting trial, on condition that a sum of money is given to guarantee their appearance in court, is very common in the United States. Once a judge has determined that an individual may only be released on bail, individuals in poverty who cannot afford bail are forced to remain incarcerated in what is de facto a debtor's prison. This can have significant negative results, including lack of access to medication and treatment, loss of employment, loss of housing, and loss of the basic right of freedom. Social workers must play an advocacy role here, demanding policy changes that abolish the cash bail system (www.socialworkers.org/News/News-Releases/ID/1969/NASW-says-cash-bail-system-should-be-abolished).

Intercept 3: Jails/Courts

Individuals with behavioral health problems frequently recidivate, often because incarceration does not address their underlying treatment needs. One model that has demonstrated effectiveness when an individual with a behavioral health disorder comes to trial is diversion from imprisonment through trial in a specialty court, sometimes called a problem-solving court. These problem-solving courts offer a structured treatment program with accountability to the judge for participation, and result in no incarceration if the individual completes the program successfully. The most common of these courts are Drug Courts and Mental Health Courts. The goal in all problem-solving courts is rehabilitation and reduction in recidivism (Hughes & Reichert, 2017).

Initially started in Florida in 1989, Drug Courts are the template model, however all problem-solving courts have a set of key characteristics (Hughes & Reichert, 2017):

- A collaborative approach among a team made up of defender, prosecutor, judge, court coordinator, case manager, provider, and participant;
- One agreed-upon plan for the participant, developed by the team;
- Provision of structure and accountability by the court;
- Offer of holistic services—treatment, employment, education, housing;
- Rewards for success and graduated sanctions for lack of adherence to the plan; and
- Ongoing monitoring of performance and outcomes of individual and of program

More specific to Drug Courts are a well-articulated set of key components, which illustrate the characteristics listed above (NADCP, 1997). The Ten Key Components of Drug Court are:

- Integrate AOD services with justice system case processing
- Use a non-adversarial approach to promote public safety while protecting participants' rights
- Identify participants early and place in court promptly
- Provide access to a continuum of AOD services
- Monitor abstinence frequently by testing
- Coordinated response to participant compliance

- Ongoing interaction between judge and each participant essential
- Monitor and evaluate program effectiveness
- Continual interdisciplinary education for team
- Forge partnerships among drug courts, public agencies, community-based organization to enhance local support

The evidence of effectiveness for drug courts is robust. Participants were, in comparison to individuals in traditional courts, less likely to use drugs, engage in criminal activity, or be arrested (N.I.J., n.d.) and twice as likely to complete substance abuse treatment (Marlowe, Harden & Fix, 2016). Evidence for mental health courts is less plentiful, but in one study, compared to individuals in traditional courts, participants were less likely to be convicted of a new crime (Almquist & Dodd, 2009) and in a second study it was found that one year after enrollment participants were 3.7 times less likely to reoffend (Henrinckz et al., 2005).

Within a problem-solving court, social workers can play multiple valuable roles. Social workers serve as program coordinators for the problem solving court team, can be the participant's case manager on the team, or can provide service as a clinician to whom the participant is referred as part of their treatment plan. Within the community, social workers have important roles to play in education of the community about the importance and effectiveness of problem-solving courts, and as advocates for the establishment of problem-solving courts in communities where they do not yet exist.

Intercept 4: Re-entry

The time of transition back to the community can be a very vulnerable time, particularly for individuals with a behavioral health problem. The individual has lost many ties to pro-social relationships, often has no housing, no way of making a living, and no connection to needed treatment. The risk of failure, resulting in re-arrest or even death, can be high.

One evidence-based model that specifically addresses this challenging time of transition is Critical Time Intervention (CTI). CTI is a time-limited intervention that seeks to build connections in the community for individuals transitioning to the community after incarceration. Specific goals are to strengthen participants' long-term connection to needed services, pro-social family and friends, and to provide practical problem solving, advocacy, and emotional support during the transition. CTI staff work with participants before they are released from prison, during the move to the community, and until stabilized in their community setting (Draine & Herman, 2007).

CTI focuses on both the participant and their community, working to develop natural community supports and opportunities for the re-entering individual within the community as well as developing skills for community success within the individual. The essential elements of the CTI are having a team model with small caseloads, beginning the relationship with the individual while they are still incarcerated, ongoing active engagement with the community, individualized plans, skill building/coaching for the individual, and a time limit of up to nine months (Draine & Herman, 2007).

Research has demonstrated the effectiveness of CTI. Individuals receiving CTI are more engaged with service, have higher levels of service utilization, and report better continuity of care and access to services. One study demonstrated that CTI participants were significantly more likely than controls to have a general practitioner and to be receiving needed medication (Shaw et al. 2017). Again, social workers can play an important role in this model. Social workers, with a knowledge case management, motivational interventions, strengths-based skill building, and community development, are perfectly poised to be effective interventionists in CTI.

Intercept 5: Community Corrections

Upon release from incarceration, many individuals are placed under community supervision through probation or parole. However, caseloads are often high, resulting in probation officers' inability to provide needed levels of support and supervision to people with behavioral health challenges who have returned to the community. This increases risk for violation of conditions of probation/parole, re-arrest, and re-incarceration.

One promising model with individuals with mental illnesses who are under community supervision is Forensic Assertive Community Treatment (FACT). Grounded in the Assertive Community Treatment team case management model, FACT targets individuals with mental illnesses and complex psychosocial needs who have a history of multiple incarcerations, multiple hospitalizations, and high emergency room utilization (SAMHSA, n.d.). These challenging individuals need stabilization and careful supervision upon return to the community at an intensity level that typical parole and probation officers cannot provide. Initial outcomes of FACT are positive, with one study showing that compared with controls, individuals receiving FACT had fewer convictions, fewer days in jail, fewer days in hospital, and more days of outpatient treatment (Lamberti, et al. 2017).

A FACT team is interdisciplinary and includes psychiatry, nursing, social work, substance abuse counseling, employment specialists, a forensic peer specialist, and a partner from the criminal justice system (e.g. a parole officer). Team members must be cross-trained in order to understand each discipline's role on the team and to engage in effective collaboration. Services provided by FACT teams are available 24 hours a day, seven days a week. They are person-centered and trauma informed, and include services and supports to address basic needs, health and behavioral health needs, and interventions that specifically target criminogenic behavior (SAMHSA, n.d.). Social workers are an explicit part of a FACT team, and can provide both case management and clinical interventions.

The above discussion demonstrates that there are numerous interventions social workers can provide across the continuum of the criminal justice process in order to minimize individuals' involvement with the justice system and maximize their chances for success in the community. Social work's ethical commitment to social justice mandates that we work with these vulnerable and often oppressed populations at risk of entanglement in the justice system.

Ethical Tensions and Social Work in Criminal Justice

While social workers have an ethical mandate to serve those vulnerable individuals who are justice involved, social work's place in collaboration with the justice system is not without ethical tension. It is important that social workers identify and understand these ethical tensions and are competent to navigate the resultant dilemmas. Some of the tensions that social workers may identify include the following topics:

- Determining client individual responsibility versus their contextual systemic oppression. Many justice-involved individuals come from vulnerable groups who have experienced generations of systemic oppression, poverty, discrimination, and trauma. How do social workers understand these factors as causative in criminogenic behavior? How much should a social worker hold a client from such a background responsible for their actions?
- Individual autonomy versus community safety. Autonomy and self-determination are core values in the social work profession. But what should a social worker do when supporting an individual's autonomous decision-making and self-determination could result in harm to the community if the individual chooses to engage in criminal activity, or relapses into addiction and resultant dangerous behavior?
- Belief in the capacity for growth and change versus predicting risk. Social workers believe that all humans have the capacity to grow and change, and thus they advocate for clients, believing that they can do and be better. However, research and actuarial risk data suggest that some individuals are at high risk for re-engaging in harmful behavior. How do social workers decide when to "take a risk" on a client and advocate that they "get a chance"?

• Personal response versus professional responsibility. As human being, social workers have personal emotional responses to the sometimes heinous crimes committed by justice-involved clients. However, they have a professional responsibility to provide service—particularly in situations where referral to another provider is not possible. How should social workers manage their individual personal responses while fulfilling their professional obligations?

There are no simple answers to these complex ethical tensions. Each situation, each client, each social worker, is unique. The answer is almost always "it depends," followed by careful consideration of the individual circumstances and situation. There are, however, some steps that social workers can take to increase their ability to manage these ethical tensions. First, it is crucial that social workers know and understand their professional code of ethics. While no code has specific answers to individual situations, a code is a value-driven guide to behavior that is of vital utility to a social worker. Equally important is for social workers to have engaged in deep thought and articulated their personal hierarchy of values. This means that one is clear, if two values come into conflict, which one should take priority. Dolgoff, Lowenberg & Harrington (2005) have established a model that can be helpful.

Ethical dilemmas this complex should not be resolved in a vacuum. Social workers should have a trusted mentor or colleague with whom they can consult—who may be able to provide a fresh insight or resolution that they would not have seen themselves. Similarly, social workers should not be ahistorical; it is important to reflect upon and learn from ethical decisions (one's own and others') made in the past. What lessons can be learned from this, what could be applicable in the current situation? Finally, social workers need to understand that ethical tensions and dilemmas are by definition difficult. There is no easy answer that will satisfy everyone. Having done the hard reflective work, a social worker should feel confident that they have made the best possible decision, and accept that others may not agree with the decision.

Conclusions

Research shows that criminogenic behavior has complex roots that include poverty, mental illness, addiction, and trauma. The criminal justice system has biases and barriers for many vulnerable groups; in the United States, this is most often seen with people of color and other marginalized populations. Social work has a clear mandate to promote social justice and combat injustice across all systems. This means we must be providing services and supports for those who are involved with the criminal justice system. There are a number of evidence-based practices that have been shown to be effective across the continuum of the justice system, and social workers have important roles to play in these interventions. However, it is important to remember that even the best social work intervention is not enough without concurrent advocacy for just systems-just criminal justice systems, just health systems, just systems that protect human rights. The challenges, difficulties, etiologies of an individual's criminal justice involvement are complex and ethical tensions are many, but this is an area of profound human suffering, where social workers are needed and where the rewards of good work are great.

References

Almquist, L. & Dodd, E. (2009). Mental health courts: A guide to research-informed policy and practice. Council of State Government Center, New York, NY.

Briere, J., Agee, E. & Dietrich, A. (2016). Cumulative trauma and current posttraumatic stress disorder status in general population and inmate samples. Psychological Tauma, 8, 439-446.

Bronson, J. & Berzofsky, M. (2017). Indicators of mental health problems reported by prisoners and jail inmates, 2011-2012. Bureau of Justice Statistics, Washington D.C.

Brookings Institution. (2018). Work and opportunity before and after incarceration. Economic Studies at Brookings. Found at https://www.brookings.edu/research/work-and-opportunity-before-and-after-incarceration/

Bureau of Justice Statistics. (2019). Prisoners in 2017. Found at www.bjs.gov

Bureau of Justice Statistics. (2018). 2018 Update on Prisoner Recidivism: A 9-year follow up period (2005-2014). Found at www.bjs.gov

Bureau of Justice Statistics. (2015). Disabilities and Prison and Jail Inmates. Found at www.bjs.gov

Bureau of Justice Statistics. (2009). National Inmate Survey, 2007. Found at www.bjs.gov.

Dolgoff, R., Loewenberg, F., & Harrington, D. (2005). Ethical decisions for social work practice (7th ed.). Belmont, CA: Brooks/Cole – Thomson Learning.

Draine, J. & Herman, D. (2007). Critical time intervention for reentry from prison for persons with mental illness. Psychiatric Services, 58, 1577-1581.

Hellenbach M, Karatzias T, Brown M. (2017). Intellectual Disabilities Among Prisoners: Prevalence and Mental and Physical Health Comorbidities. Journal of Applied Research on Intellectual Disabilities. 30(2):230-241.

Henrinckz, H, et al. (2005). Rearrest and linkage to mental health services among participants of the Clark county mental health court program. Psychiatric Services, 56, 853-857.

Hughes, E. & Reichert, J. (2017). An overview of problem-solving courts and implications for practice. Illinois Criminal Justice Information Authority. Found at http://www.icjia.state.il.us/articles/an-overview-of-problem-solving-courts-and-implications-for-practice

Lamberti, S. et al. (2017). A randomized controlled trial of the Rochester Forensic Assertive Community Treatment. Psychiatric Services, 68, 1016-1024.

Marlowe, D., Hardin, C. & Fox, C. (2016). Painting the current picture: A national report on drug courts and other problem-solving courts in the United States. National Drug Court institute. Alexandria, VA.

Motley, R. & Jeoe, S. (2018). Police use of force by ethnicity, sex, and socioeconomic class. Journal of the Society for Social Work and Research, 9, 49-67.

National Association of Drug Court Professionals (NADCP). (1997). Defining drug courts: The key components. Alexandria, VA.

Pettus-Davis, C. & Epperson, M. (2015). From mass incarceration to smart decarceration. Cleveland, OH: American Academy of Social Work and Social Welfare

Policy Research Associates, Inc. (2017). Found at https://www.prainc.com/wp-content/uploads/2017/08/SIM-Brochure-Redesign0824.pdf

Shaw J, Conover S, Herman D, Jarrett M, Leese M, McCrone P, et al. (2017) Critical time intervention for severely mentally ill prisoners (CrISP): A randomised controlled trial. Health Services Delivery Research, 5(8).

Substance Abuse and Mental Health Services Administration (SAMHSA). (n.d.) Forensic Assertive Community Treatment Action Brief. Found at https://store.samhsa.gov/system/files/508_compliant_factactionbrief_0.pdf

Wilson, M. (n.d.) The role of racial profiling in encounters with law enforcement. Social Justice Brief. NASW Press.

Wilson, M. (n.d.) Solitary confinement: A clinical social work perspective. Social Justice Brief. NASW Press.

World Prison Brief data. (n.d.) Data on US and Japan. Found at http://prisonstudies.org/country

日本司法福祉学会第 20 回大会

ソーシャルワークとしての司法福祉実践を考える

日時：2019 年 8 月 24 日（土）
8 月 25 日（日）
場所：鈴鹿医療科学大学千代崎キャンパス

司法福祉学について再び考える

文責・コーディネーター：坂野剛崇（関西国際大学）
報告者：三品竜浩（東北福祉大学）
橘ジュン（特定非営利活動法人 BOND プロジェクト）
原 敬 （松江保護観察所）
山田恵太（アリエ法律事務所，東京 TS ネット代表理事）
指定討論者：水藤昌彦（山口県立大学）
森久智江（立命館大学）

1　企画趣旨

　本シンポジウムの目的は，次の2つである．一つは，在日外国人労働者・家族・子ども，若い女性，医療観察法の対象となった人，高齢・障害のある犯罪行為者への支援実践報告をもとに，各支援の理念や価値観の理解を図ることである．もう一つは，支援者として依拠する価値観の問題やジレンマ，支援対象者の意思決定に対する支援等の諸課題についての議論を通じて，司法福祉学の現在について検討することである．

　今回，これらを目的にしたのは，司法福祉の対象が，従来の少年司法，児童福祉に留まらず，精神障害者による触法行為と医療観察法，加害者家族，被害者や被害者家族，高齢者・障害者による犯罪，介護殺人などへと広がりをみせており，今後も，医療，性的マイノリティ，ジェンダー，若い女性，アディクション，貧困など，拡大が見込まれることによる．これらの司法福祉の支援対象には，それぞれ固有の課題があると同時に，何らかの形で刑事司法と接触したクライエントへの福祉的援助という共通点もある．

　そこで，本シンポジウムは，この共通点を持つ対象への支援には，司法福祉の独自性が必要とされると考え，司法福祉の射程が広がりつつあるなかで，改めて「司法福祉学」について議論する機会を設けたいと考えたものである．

2 報告1 在日外国人労働者・家族・子どもへの支援 （三品竜浩）

　日本で生活する外国籍の人は，入国管理法改正により増加している．定住外国人については，労働環境上の問題が小さくなく，生活保護受給世帯の割合が高いなど経済面の問題にもつながっている．また，親と子世代での日本語の習熟に差によって親子の会話に支障が生じるなど，親子関係上の問題が散見されることもある．さらに，外国人の子どもについては，日本語の習得の不十分さから生じる学力の問題，偏見・差別等に起因するいじめやそれによる不登校といった問題も生じている．定住外国人は今後も増加すると考えられ，これらの問題への支援は不可欠である．しかし，そもそも支援にあたる専門職が少ないという問題がある．また，当事者が支援にたどり着けないというアクセスの問題もある．さらには，当事者の持つ固有の民族性（エスニシティ），アイデンティティを尊重した支援を可能にする専門性が乏しいという問題もある．在日外国人労働者の支援には，これらの問題の緩和・解決が肝要である．

3 報告2 若い女性への支援 （橘ジュン）

　2009年に，特定非営利活動法人「BONDプロジェクト」を設立し，10代20代の生きづらさを抱える女性への支援を行ってきている．目的は，次の3つである．

①帰る場所のない，または，自宅が精神的なよりどころとなり得ていない青少年の保護
②社会，家族，友人等に関する人間関係の不信に対するメンタルケアやカウンセリング
③問題を抱えた青少年への就業，生きがい，社会参画できる機会の提供

　これらを実現するために，青少年の声を周知させる情報発信事業，青少年の現状について啓蒙を図る講演会事業，青少年を保護し，精神的ケアを行う保護事業などを行ってきている．保護事業では，20代の女性がスタッフとな

り，メールや LINE と SNS を使ったり面談したりして相談に乗っている．また，本人を保護することもある．支援は，本人の意思を尊重しているが，居場所を必要としている目の前の女の子と彼女らが必要とする「人」（弁護士や，警察等の機関）をつないでいる．

4　報告3　医療観察法の対象となった人への支援　（原　敬）

社会復帰調整官として対象者にかかわり，対象者観，自己規定，対象者と支援者の関係性，援助のあり方など，様々なことを改めて考えさせられた．支援観についても，社会復帰調整官としては「医療を受けることを見守る役割・再他害行為の防止」，ソーシャルワーカーとしては「自己決定の尊重・その人らしい生活の実現」という2つがあり，処遇と支援という狭間で，支援とは何かという問い直しを迫られた．また，ソーシャルワーカーとして，承認欲求が満たされないジレンマによる孤立や，自分自身のパターナリズムと当事者性への気づきもあった．

これらの問題意識もあって，フィールドである島根県で医療観察ネットワーク「しまね医療観察研究会」を作り，医療観察発の支援ツール（クライシス・プラン）の作成や事例検討会の実施，支援経験に基づく出前講座を実施している．

5　報告4　高齢・障害のある犯罪行為者への支援　（山田恵太）

高齢者・障害がある人による犯罪については，それらが犯罪行為の直接的原因ではなく，①取調べにおいて自白を取られやすいなど，刑事手続における有効な防御の機会が奪われていること，②障害等があることゆえの生きづらさをはじめする心理的・環境的要因から犯罪行為に至らざるを得ない状況にあることが問題と考えられる．また，本来必要であった福祉的支援が届いていなかったということが影響していることが少なくなく，裁判の各段階で誰も障害に気づかなかったというケースも多い．

これらの人の弁護としては，支援の必要性を認識し，刑事手続において有効な防御ができるようにすること，障害を理由とした不利益な判断を防止すること，また，適切な量刑を求めることが必要と考えている．さらには，更生支援計画を策定し，本人の更生の可能性の向上を支援することが必要である．計画の策定には，多くの情報，多角的な視点からのアセスメント，適切な社会資源との橋渡しが必要であり，福祉との連携が不可欠である．

6　指定討論1　（水藤昌彦）

司法福祉の主たる関心は，司法機関における福祉的機能から，刑事司法と接触した人とのソーシャルワークを通じた司法と福祉の連携関係へと変化してきている．本シンポジウムでは，さらに刑事司法との接触可能性がある人とのソーシャルワーク実践についても検討された．各報告者の実践の共通点として，クライエントの vulnerability（脆弱性，傷つきやすさ）とトラウマ・インフォームド・ケアの必要性，社会からの排除への対応の必要性，社会における抑圧へのアドボカシー機能の必要性，支援にあたって生じるジレンマ，刑事司法との接触によって生じる支援対象者との非対称性がある．特に社会的抑圧に関連しては，再犯防止や適応的な市民生活などを要請する社会と当事者の関係について，ソーシャルワーカーが自身の社会統制機能に自覚的である必要がある．

これらを踏まえて，当事者による自己決定，実践におけるジレンマへの対処，求められる社会のあり方についての議論を提起した．

7　指定討論2　（森久智江）

従来「司法福祉」として捉えられてきたものに共通する価値として，①刑事司法の目的や刑事手続上求められる「成果」のためではなく，飽くまで対人援助として行われるべきであること，②単なるニーズの理解のみならず，本人を中心に置き，支援やその体制そのものを動かすよう促進することがある．これらは，福祉において重要かつ普遍的な価値を実現するものであるといえる．

このような価値に基づく司法福祉的実践は，社会的問題状況を顕在化させる

ことに資する．また，司法福祉の経験は，社会に対して様々な「問い」を投げかけ，支援，ひいては権利保障のあり方（強制性，権力性，パターナリズム，意思決定，当事者性，ネットワーク構築等）を根本的に考え直す契機となる．そして，それは同時に，刑罰のあり方，「再犯防止」推進方策等，司法のあり方を問い直す機会にもなると考えられる．

そこで，現在の社会（司法）制度の欠陥，とりわけ「制度」でなければできないこととは何かについて考えることを提起した．

8　まとめ

支援は，それぞれの課題に即応したものであることが不可欠であるというのは言わずもがなである．各報告にあったように，近年，支援を必要とする人たちとその課題は多様化しており，支援のあり方や必要とされる専門性も多様化している．

他方，課題が多様化しているとしても「福祉」である以上，共通する価値もある．本シンポジウムの報告の共通点の一つとして「自己決定」があった．しかし，「司法」における支援は，処遇と称されることが少なくないことからもわかるように，パターナリズムの問題を避けて通れないところがある．当事者自身が必要としていること（フェルトニーズ）と，支援者側が当事者に必要と認めていること（ノーマティブニーズ）が一致しない場合が少なくない．このような「司法福祉」の領域で，当事者の自己決定を尊重し，当事者に即した支援をどう展開していくかは，司法福祉に突きつけられている大きな課題である．ただし，自己決定を自己責任の問題へとすり替えないことも必要である．こうした状況の中で，どのようなことを支援と考えていくのか，本学会はもちろん，支援者一人ひとりの「司法福祉学」に通底する大きな課題であることが確認された．

司法福祉領域における居住支援
——住み続けるためのソーシャルワークとは

企画者：新名雅樹（NPO 法人岡山・ホームレス支援きずな）

藤原正範（鈴鹿医療科学大学）

飯田智子（NPO 法人静岡司法福祉ネット明日の空）

古川隆司（追手門学院大学）

1 企画趣旨

改正住宅セーフティネット法により，住宅確保要配慮者（以下，要配慮者）への入居等支援が開始された．こうした要配慮者には，犯罪被害者，被虐待者（児童や DV 被害者），更生保護対象者なども含まれており，司法福祉の対象者への住居確保への支援が開始されているところである．

しかし，多くの要配慮者は住宅の確保へのさまざまな障害（携帯電話等連絡手段の確保，身元保証人や緊急連絡先の確保，生活保護制度の活用など）を抱え，多岐にわたるサポートを必要としている．

こうした状況におかれる司法とかかわる要配慮者に対して，新しい住まいの確保，また住まいでの居住を継続するためにどのようなサポートが必要であるか，具体的な検討を進めていく必要があると考えている．

「住まいは人権である」と早川和男が提唱したように，司法福祉領域においての居住確保や支援は重要な取組であり，課題ともなる．実際の少年や成人のケースを元に，ソーシャルワーク論にも基づきながら，司法福祉領域における新たな居住福祉への支援策を見出していきたい．

2 報告1 司法と関わる人々の居住支援 （新名雅樹）

　矯正施設退所者等の支援において，住まいの確保については，「入口支援」「出口支援」とされる場面で，居所の確保が支援計画には盛り込まれることが少なくない．

　住まいについて，掛川（2018）は「①出所前支援～②応急支援～③地域生活スタート支援～④居住福祉」の4つのステージにおいて，サポートを得ながらも，地域での生活が保障されるべきとしている．それは，対象者の住まいが確保されるだけではなく，対象者自身が住み続けたいと思える状態を生み出していく必要性がある．特に，近年「ハウジングファースト」といった欧米のホームレス者支援の手法などを踏まえた支援についても，司法福祉領域においての居住支援に対しては重要な示唆があると考える．

　こうした先駆的取り組み及び，論者の実践からは次のような居住へのアプローチが求められるとした．

- ・当事者が自らの「出番と役割」を見いだせる，実感できる人間関係や居場所を創っていく
- ・承認欲求が満たされ，自己肯定感を感じていく状態へのサポート
- ・支援に関わる側が対象者を障害や疾患，経歴等でサポートを分別しないこと
- ・健康や経済状態，職歴，犯罪歴等を基準に支援者の都合で住まいを探さない（Ex.福祉施設かアパートかなど）
- ・入居予定者が「住みたい」と思える「住まい」へのさまざまな知識と理解
- ・物件を価格のみで探すのではなく，「中身」をどう考えるか
- ・「あんしん，ていねいに暮らす」ことを知らない生活歴のある人へのアプローチ
- ・リスクがあってもどこまでも伴走すること
- ・伴走者がつながり，再度必要とされたとき共に歩む

3　報告2　居住支援の実際　（飯田智子）

　NPO法人静岡司法福祉ネット明日の空（以下，明日の空）は，逮捕（被疑者・被告人段階）から釈放（矯正施設出所），社会定着まで切れ目のない支援を目指して活動している．

　2014年4月〜2018年10月まで検察庁や弁護人等からの依頼により，障害，高齢，ホームレス等，120件の支援を行った．多くが経済的基盤を失っており，身寄りも住む家もなく，釈放当日に泊まる場所を確保するのは必須で，一時帰住先は多岐に渡る．帰住先別にその後の動向を一部挙げると，自宅27件中7件，更生保護施設・自立準備ホーム14件中4件，派遣の寮4件中3件で再犯があったが，明日の空シェルターに一時帰住した20件は0件であった．

　シェルターでは，ことさら「再犯防止」には努めていないが，各種手続き同行，相談支援（社会福祉士・弁護士）等で，支援者との信頼関係を構築し，退居後も気軽に相談でき，対象者同士の交流，助け合いが自然発生的に行われていることから，居場所としての役割，社会との緩衝地帯となっているように思う．

　居住支援を「住まいを確保するまで」，「住まいを確保した後」に分けると，前者はアパートや施設入所契約の課題が大きい．アパート入居には保証人の壁が立ち塞がり，施設入所も困難を極める．後者では借金，生活，就労，健康等の課題が新たに表出し，時間経過とともに，孤立，依存の再燃，支援者側の支援継続への躊躇（前科者のラベリングをしているのでは？という不安）等の課題が次々にわき起こる．

　事例として，協力雇用主に雇用された後，健康状態悪化で寮を出されシェルターに迎え入れたケース，アパートに入居したが健康管理，金銭管理がうまくいかない等で生活支援を行ったケース，借金苦により遺書を残し所在不明となった方を県外に迎えに行ったケース等，6件をあげ，単に住居や就労，福祉制度につながっただけでは不十分な現実と，孤立防止支援，伴走してくれる人の存在が重要であることを提起した．

4 報告3 ソーシャルワーク領域における居住支援 （古川隆司）

　まず，第2回国連人間居住会議で採択されたイスタンブール宣言と早川和男の提唱した居住福祉に社会生活における居住の意義を求め，ソーシャルワークのあらゆる分野で，社会生活を支援する第一歩に居住支援があることを確かめた．

　次に，居住の安定がアイデンティティの形成やあらゆる社会関係の基礎となることを理論的に整理し，近年の被虐待や生活不安定がもたらす影響を提示した．同時に，日本の住宅政策が勤労者の財産形成という経済・金融政策で進んだため，制度による解決を指向する日本のソーシャルワークは近年まで居住支援の意義を看過してきたことを指摘した．

　最後に，ホームレス支援と司法福祉の実践が，居住支援の重要性を強調する役割を果たしたことを示し，住居だけでなく社会関係を含んだ地域生活支援を，一般市民の参加を促すような実践がソーシャルワークに要請されていることを結論とした．

5 まとめ

　司法福祉学会の分科会で，対象となる人の居住の課題を正面から取り上げたのは初めてである．安定した住まいを得ることは人にとって最も基本的な権利であるはずだが，その支援は多様化，複雑化する福祉サービスの中で忘れられてきている．ことに一度地域社会から排除された矯正施設退所者は居住の権利を脅かされることが多い．新名は矯正施設退所者を含むホームレスに対して，飯田は矯正施設退所者に特化して，それぞれ安定した住まいと居場所を確保する活動を続けている．本分科会では，この2つの先進事例が紹介され，それを受ける形で古川から日本の住宅政策が経済・金融政策の枠内で行われ，居住の権利が福祉実践において看過されてきたという問題提起があった．

　登壇者の提起を受け，数名の参加者から発言があった．安定した居住環境を作るのは地域社会である．昨今，民生委員，保護司など旧来の民間ボランティ

アの力が落ちてくる中で，ソーシャルワーカーによる地域づくりが求められる．
しかし，それには日本のソーシャルワーカーの力量が，現状ではあまりに不足
している．

ポスターセッション

藤原正範（鈴鹿医療科学大学）

古川隆司（追手門学院大学）

　鈴鹿大会では、藤原会長はじめ会員有志が翻訳に取り組んでいる下記の図書（表紙写真参照）について，ポスターセッションを実施した。同書は，本学会がかねて交流を重ねている NOFSW のメンバーも編著で関わっていることから，日本の司法福祉研究者と実務家にとって有益な内容である。ポスターセッションでは，原書と，専門用語・機関名や表現についての日本語訳をスライド形式で展示したとともに，プロジェクターでも観て頂く形式とした。本学会の国際学術交流を会員へ PR するとともに同書翻訳へ関心をもっていただくことをねらいとした。足を止めて展示をご覧いただく会員との対話を重ねる機会が得られた。

Tina Maschi and George S. Leibowitz ed., *Forensic Social Work - Psychosocial and Legal Issues Across Diverse Populations and Settings, 2nd Edition,* New York: Springer Publishing Co Inc, 2017

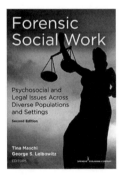

刑事被告人への入口支援
——心理職と福祉職の協働連携に向けて

企 画 者・司 会：須藤　明（駒沢女子大学）

話 題 提 供 者：岡本吉生（日本女子大学）

小林良子（一般社団法人早稲田すばいく）

戸井宏紀（東洋大学）

指 定 討 論 者：中田雅久（多摩の森綜合法律事務所）

1　企画趣旨

　昨今の刑事司法においては，知的障害者や高齢者の犯罪を中心として応報刑だけによらない福祉的支援が模索されている．また，裁判員裁判制度の導入後，重大事件を中心として，犯罪に至った背景要因について心理学的な分析を求める情状鑑定が増加傾向にある．このように福祉専門職，心理専門職といった人間行動科学の専門家の関与が求められてきている．一方で，それら専門家の関与は，情状鑑定は心理専門職（若しくは精神科医），更生支援計画は福祉専門職といった形でそれぞれ別個に行われており，多様な心理的・社会的問題を抱えている刑事被告人に対して，十分な貢献ができているとは言いがたい．

　そこで，本分科会では心理専門職と福祉専門職の支援について，現状と課題を整理し，その連携の在り方について議論した．

2　話題提供 1　（岡本吉生）

　情状鑑定は，裁判官の知識不足を鑑定人が提供する専門的知識によって補完し，判決の減軽部分の資料を提供する活動である．近年，減軽部分の判断に犯罪行為の結果責任，つまり犯情重視の傾向が顕著である．しかし，特に，裁判

員裁判に付される重大事件においては，被告人の生活背景が事件の生起と密接に関係しており，一般情状と呼ばれる状況を考慮しなければ，処遇選択としての適切な量刑判断が実現されていないと感じる事例が多くみられる．

　大会では，精神障害がありながらも医療観察に付すことができず，入居していた地域定着支援センターでの放火事例に対する情状鑑定について報告した．情状鑑定の結果，被告人の犯行動機に，家族から見放されている不安が大きな要因となっていたが，地域支援センターの福祉職員は被告人の不安を和らげる努力をし，その成果があったことを証言した．施設の福祉職員は，情状鑑定人から支援方法についてプラスの評価を受けたことで，被告人が刑事施設を退所した後も引き続き本人を引き受けたいとの意向を示した．精神的に不安定な被告人が自らの罪を理解し安定した受刑態度へと変化したことから，福祉場面において作成される個別支援計画を，心理の立場から再評価，あるいは改善事項の提案をすることに意義があることを報告した．

　また，福祉と犯罪心理学の専門性には，司法福祉，心理的援助などとの連続性で重なる部分があり，連携に際しては専門領域の重なりと独自性とを自覚しておくことが重要であることを述べた．

3　話題提供2　（小林良子）

　東京社会福祉士会は東京三弁護士会障害者等刑事問題検討協議会と連携して2014年度より入口（被疑者・被告人段階）支援を行っている．支援内容は，主に警察署や拘置所で本人と面会，家族との面会，障害等の事件につながる問題のアセスメント，釈放後の環境調整，更生支援計画作成，法廷での情状証人，判決後支援等々である．特に，被疑者・被告人の社会で生きにくい状態に着目し，社会で生きていくための問題整理と支援の組立てを行っている．更生支援計画作成では各支援者の連携を作り，更生支援計画書を本人に説明し同意を得ている．特に，更生支援計画は判決後の支援が重要と考え，釈放後の繋ぎの活動を行っている．

　入口支援を進めていくと，障害や病気の状態の見立てでは，心理士や医師との協働が欲しい場合がある．また，公判期間中に動機付け面接などがあると，

判決後支援に繋がりやすいと考える．協議会には東京精神保健福祉士協会，東京公認心理師協会，精神科医が入っており，相談をすることはできる．しかし，弁護士依頼の心理士や医師の鑑定と社会福祉士からの依頼とでは報酬の出方が異なり，社会福祉士の入口支援での依頼であると社会福祉士への報酬に含まれてしまう．また，多職種での支援体制作りの調整を誰が，どのようにするかも明確にはなっていない．期間も短い．福祉的支援の必要な被疑者・被告人の入口支援では多職種連携は望ましいが，チーム作りには大きな課題があり難しい状態である．

4　話題提供 3　（戸井宏紀）

　心理職と福祉職の協働・連携を検討していくために，第三発表者は米国の刑事弁護チームにおけるソーシャルワーカーの活動を中心に報告を行った．刑事弁護チームにおけるソーシャルワーク実践は，権利擁護（Advocacy）の視点に立った報告書作成（Written advocacy）と，裁判における証言（Oral advocacy）を中心とした，幅広い活動によって構成される．ソーシャルワーカーが作成する報告書は，判決前調査報告書（Presentence investigation report）を始めとして多岐にわたり，更生支援計画はその内の一つである．

　権利擁護がソーシャルワークの使命であり重要な機能の一つであることは共通するものの，ソーシャルワーカーの役割と多職種協働の展開状況は，日米では大きく異なる．近年米国では，弁護人中心の伝統的な刑事弁護から，クライエント中心の，地域に根ざした多職種アプローチである Community-oriented defense，あるいは Holistic defense へと移行が進んでいる．これらの実践モデルは，今後日本における多職種協働チームのあり方を検討する上で，参考になるものと考える．

　また，多職種連携を進めていくためには，チーム外多職種（裁判官，検察官，鑑定専門家等）協働の課題を検討することも重要である．その際は，実践の知（Practice wisdom），人間行動科学の理論，そして関連する研究成果を活用するための体系的な専門職教育と臨床トレーニングが求められる．これらの課題を踏まえ，法曹教育（弁護士，検察官，裁判官），心理教育（臨床心理士，公認心

理師)，ソーシャルワーク教育（社会福祉士，精神保健福祉士）といった各専門
職養成における実習教育に加えて，専門職の基盤・価値・倫理を相互に理解し，
被告人に対する統合的な支援を目指した，多職種協働の実習モデルの導入を検
討していく必要性について提案を行った．

5　指定討論　（中田雅久）

指定討論として，以下の点を述べた．

①裁判所が採用する行為責任中心の量刑判断のあり方を前提に，情状鑑定・
　犯罪心理鑑定，更生支援計画による立証の必要性を裁判所に理解し，採用
　してもらうためのポイント
②弁護人から見た現在行われている情状鑑定・犯罪心理鑑定，更生支援計画
　の課題
③裁判対策を離れて，情状鑑定・犯罪心理鑑定，更生支援計画を踏まえてク
　ライエントが抱える課題の解決・緩和のために必要なこと

犯情要素の中の「犯行に至る経緯，動機，目的，計画性等」では心理専門職，
一般情状要素の「再犯のおそれ，更生可能性等」では福祉専門職の関与がそれ
ぞれ必要となる．心理専門職と福祉専門職との協働は，必ずしも情状鑑定と更
生支援計画の二本立てにこだわる必要はなく，情状鑑定を行っている時間を利
用して環境調整を並行して進めることも考えられるほか，様々な協働が考えら
れる．刑事裁判においては，貧困，虐待，DV 等を背景にしたものが少なから
ずあり，それらが人間の行動に与える影響を立証していくためには，人間行動
科学の視点が不可欠である．量刑判断に成育歴，環境要素等を適切に反映させ
る量刑判断のガイドラインを提言していくことも考えられる．

6　まとめ

紙面の都合で全体討論は割愛したが，刑事裁判における多職種協働の必要性

や現状と課題がかなり明確になったと思われる．米国の公的弁護人事務所で行われている多職種協働チーム（Interdisciplinary Team）は，ひとつのモデルとなるが，当面は，試行錯誤する中で実践例を積み上げていくことが重要である．そして，時には本シンポジウムのような討論で私たちの"現在位置"を確認し，また前進していくといった繰り返しが必要になることを改めて感じさせられたセッションであった．

※本分科会は JSPS 科研費 19K03350（研究代表者：須藤明）の助成を受けたものである．

触法精神障害者の地域生活支援に向けたアプローチ
――医療観察法での考察を中心に

企　画　者：堀川善永（国立病院機構榊原病院 精神保健福祉士）
話題提供者：石川将康（厚生労働省東海北陸厚生局 医療観察指導係長）
　　　　　　早川　亮（国立病院機構やまと精神医療センター 精神保健福祉士）
　　　　　　佐藤　周（滋賀県立精神医療センター 精神保健福祉士）
　　　　　　市川岳仁（NPO 法人三重ダルク・精神保健福祉士・保護司）

1　企画趣旨

　平成 17 年 7 月から医療観察法（以下，「本法」．）に基づく精神科での医療が実践されるようになり 10 年以上が経過する中で，入院治療を継続しても治療反応，社会復帰要因に乏しいため，入院期間が 10 年以上に及ぶ長期入院の問題や，退院先で再他害行為を起こし，再び本法に基づく入院となるケースも散見されるようになった．また，入院となる対象者の生活背景や抱えている疾患も多様化しており，統合失調症圏の疾患以外に，知的障害や発達障害を抱えていたり，物質使用障害が併存しているケースも珍しくない．本法に係るケースへの対応が複雑・高度化する中で本分科会では，地域生活の定着に向けて他職種で他機関（地域・医療，行政），それぞれの領域における実践を基に，実践する中での課題や問題点についての報告を行い，医療観察制度で求められる対人援助の在り方についての考察を行った．

2　話題提供 1　医療観察法制度における厚生局の役割について
（石川将康）

　東海北陸厚生局では，地方裁判所，保護観察所などの関係機関と密に連携し

ながら，関係業務を行っている．心神喪失等の状態で重大な他害行為を行った者の医療及び観察等に関する法律（心神喪失者等医療観察法）において，厚生労働省は主として対象者が円滑な社会復帰を促進するための必要な医療を行う役割を担っている．東海北陸厚生局では，地方裁判所，保護観察所などの関係機関と密に連携しながら，次の業務を行っている．① 精神保健判定医，精神保健参与員名簿の取りまとめ② 指定医療機関の指定，取消し，指導監査の実施③ 入院等の決定に伴う指定医療機関の選定並びに執行（移送）④ 指定医療機関における医療提供に関する診療報酬の管理⑤ 入院中の対象者からの処遇改善請求に関する事務手続き．

3　話題提供 2　医療観察法及び刑法第 39 条　（早川　亮）

（1）はじめに

　平成 15 年 7 月に医療観察法が成立し，丸 16 年になる．医療観察法が成立するに至った経緯には長年にわたる触法精神障害者の処遇問題がある．医療観察法が施行されて解決された問題といまだに残る問題を考えたい．

（2）医療観察法

　医療観察法は厚労省と法務省が管轄する法律であり，精神医療に司法関与を組み合わせた精神保健福祉法の特別法という位置づけである．なぜ新たな分野の法律を作る必要があったのか．

（3）触法精神障害者の問題

　高い不起訴率，裁判を受ける権利，精神鑑定の信頼性，報道問題，治療現場の問題と触法精神障害者の処遇には以前から様々な問題が指摘されている．

（4）刑法第 39 条

　近代刑法は「自由意志を持ち理性的な個人」という基本的人間観を前提としている．「心神喪失状態」で犯罪を行ったものには「理性」が存在しない，すなわち責任能力がないので刑事責任を負わせることは無益であり，道義的に許

されないという原則に立っている．しかしこの責任能力の有無を判断するのは非常に困難であるといえる．

(5) 医療観察法における治療

医療観察法では共通評価項目というアセスメントが行われ，それに基づき多職種による様々な治療プログラムが行われる．しかし，犯罪にあたる行為をなした精神障害者のための特別の治療が存在するわけではなく「精神科治療の対象ではないと考えられる処遇困難者」の行き先は今も宙に浮いている．（当院での治療プログラム紹介）

(6) 残された問題

医療観察法は処遇困難者に関する法律ではない．治療反応性がないと判断されれば医療観察法の対象からは外れる．以前から問題視されていた処遇困難者にまつわる問題は残されている．（当院医療観察法病棟の運営状況報告）

(7) 今後の展望

莫大な経費をかけた医療観察法の成果は今後一般精神科医療に般化されなければならない．その一つとして措置入院患者に対する地域包括支援の取り組みも始まっている．『司法が関与し，医療に送り込む』という医療観察法．刑事司法と精神医療の間には以前から相互領域移行という構造があり，様々な問題を内包しながら進化しているように思う．

4 話題提供3 依存症を抱える触法精神障がい者への支援について
（佐藤　周）

当センターでは，アルコール依存症以外の依存症に対する治療について専門医療機関と標榜していないが，日々の現場にて薬物依存症やギャンブル依存症を抱える対象者の支援に臨んでいる．依存症を抱える対象者の中には，過去の触法行為により，家族の協力が得られず住む場所が確保できなかったり，福祉サービスの利用調整が難航したりすることがある．また，既存の医療福祉サー

ビスの対象とならない場合も多い．精神保健福祉法の立場より，触法精神障がい者への支援を中心に論じた．

5　話題提供 4　ダルクと医療観察法　（市川岳仁）

ダルクは 1980 年代に始められた薬物依存者自身による当事者活動（ムーヴメント）である．世間のこの問題に対する忌避状況を背景に「薬物を止めたい仲間の手助けをすること」だけを目的として設立された．だが，2005 年の監獄法改正以降，全国刑務所での薬物依存離脱指導教育に協力するなど，目の前にいる依存者への手助けだけでなく，地域社会からの要請にも応えるようになっている．この報告では，インタビュー調査をもとに，全国のダルクの医療観察対象者の受け入れの実態とその課題について論じた．

6　分科会を振り返って

本分科会では，医療観察法の指定入院医療機関での臨床活動や，厚生局における取組，全国にネットワークを持つダルクだからこそ実現した全国のダルクにおける，医療観察法の対象者の受け入れ状況，受け入れに際しての良かった点，問題となった点等の話題提供を行った．加えて，精神保健福祉法の枠組みで実践している触法精神障がい者へのアプローチについて事例を交え幅広い話題提供を行った．

話題提供を行った後に参加者も交えて意見交換を行い，各話題提供者が医療観察法に基づく医療従事者や，地域コミュニティーでの受け皿として求められる専門性についての意見を述べ，各分野における専門性の整理を行った．

性加害行為があった知的障害者の地域生活を
支えるための，当事者との協働のあり方と
ソーシャルワーク実践に求められること

企画者・司会：我藤　諭（龍谷大学矯正・保護総合センター）
話 題 提 供 者：水藤昌彦（山口県立大学社会福祉学部）
　　　　　　　森久智江（立命館大学法学部）
　　　　　　　山﨑康一郎（日本福祉大学社会福祉学部）
　　　　　　　脇田康夫（社会福祉法人月の輪学院）

1　企画趣旨

　本分科会では，性加害行為のあった知的障害者（以下，当事者と表記）の地域生活を福祉がどのように支えることができるのかをテーマに，日本における福祉施設での取り組み，当事者が社会や他者との関係性を再構築するための支援プロセス，ニュージーランド及びオーストラリアで行われている治療教育プログラムや支援者支援の枠組みについて，当事者と支援者，支援者同士の協働の質という観点から報告を行った．そして，当事者への支援において何が起こっているのか，なぜ再加害行為に至らないのかといった点から，当事者へのよりよい支援のあり方について議論を行った．

2　話題提供1　日本における性加害行為のあった知的障害者の支援
（脇田康夫）

　性加害行為のあった知的障害者等への「性教育プログラム」やSST，ACTなどの「心理教育」を既存の障害者福祉サービスをベースに実践している障害者支援施設大阪府立砂川厚生福祉センター「つばさ」の開設以来10年の取り

組みを現施設長とのインタビューを通して振り返りながら，今後の地域生活支援及びソーシャルワークに必要な支援を考察し報告した．

　まず，平成 21 年 4 月 1 日から平成 31 年 3 月 31 日までの 10 年間で，全 95 名の退所者のうち 10 年未満の再犯率は 5 名の 5%，5 年未満は 1% という驚異的再犯率の低さである．

　再犯率の低さの大きな要因として 2 つあり，一つは地域の受け入れ側の拡充がすすんでいることである．地域での受け皿となる事業所への入所前からの調整により，退所後もスムーズにプログラムが引き継がれ，また SST などのプログラムを地域事業所に普及するセミナーも地域定着支援に貢献できている．もう一つは，プログラムを受けることで利用者と支援者が振り返り，愛着の形成や自己肯定感，安全・安心感，生活への意欲の向上が見られることである．入所前から退所後の移行先を選定し，入所中から退所後の地域生活に向けたロードマップが利用者はもとより支援者側も描きやすく，イメージしやすいものとなっている．今後の課題としては，SST と ACT は普及のためのプログラムや研修は実践，準備されているが，「性教育プログラム」の支援者用のプログラム開発が期待されるところである．

3　話題提供 2　性加害行為のあった知的障害者への地域生活支援と　　治療教育プログラム　（山﨑康一郎）

　性加害行為のあった知的障害当事者や支援者を対象に実施してきたインタビュー調査に基づいて，再加害行為をせずに地域生活を継続する過程，地域生活支援の特徴，治療教育プログラムの役割について報告した．

　まず，継続した地域生活における当事者の体験の特徴として，支援者との親密な関係性の獲得や社会的な役割の獲得，当事者自身の関係性におけるニーズへの気付きがあった．また，地域生活継続の中で，再加害行為回避のための行動は支援者主導から当事者の自発的な継続へと変化していた．他方，支援の側面からみると，再加害行為をしない回避目標に基づく支援と，当事者がよりよい関係を獲得する接近目標に基づく支援がともに行われていた．そこには，回避行動実行のための協働によって信頼関係が構築され再加害行為をしない生活

の継続への見通しが持てるようになるという好循環と，支援者の再加害行為への不安と，制限や支援者の不安に対する当事者の不満が相互に影響を及ぼす悪循環が存在し，両循環の揺れ動く過程があった．

　この地域生活支援では治療教育プログラムをベースにした「ふりかえり」という支援者と当事者の定期的な面接が要となっていた．この中で，回避行動の継続やニーズの共有，関係性の構築が行われており，治療教育プログラムは回避目標と接近目標の両者をともに達成することを促進し，地域生活支援を効果的なものにしていた．

4　話題提供3　性加害行為のあった知的障害者と Good Way model　（水藤昌彦）

　性加害行為者への対応は，定型発達の成人向けに開発された介入方法を改変して少年・障害者へと適用してきたという歴史があるが，知的障害者に対してはリスクへの自己対処にあたって有用な思考方法の学習を促すことが困難であった．これを克服するために，Old Me/New Me モデルやその改訂版などが発案され，使用されてきたが，新旧という概念を使用することは，変化の捉え方，抽象度の高さ，時間概念の取扱い方などの別な問題を生じさせた．そこで，ニュージーランドの非営利団体 WellStop は，これらの問題の解消を目指して Good Way model（以下，GWM という）を開発した．本分科会の登壇者は，2019 年 3 月に現地を訪問し，開発者へのインタビューならびに資料収集を実施した．GWM では，思考，行動方略，環境との相互作用について善悪という枠組みを用いて介入対象者に働きかける．その際，対象者本人のナラティブへ着目するとともに，絵やイラストといった視覚情報，仮面や人形といった具体物を積極的に使用する．山﨑報告，脇田報告で指摘された通り，「ふりかえり」や対話の重要性が日本における実践で見出されていること，また，ニュージーランドでは成人や性加害以外の犯罪類型にも GWM の適用が拡大されてきていることから，このモデルは日本での対話を通じた学習活動のなかで今後活用できる可能性がある．そのため，さらなる調査を行い，実施可能性を検討するとともに日本の文化・言語への考慮について検討する必要がある．

5　話題提供4　性加害行為のあった知的障者の支援における
支援者支援——オーストラリア・ACSO の取り組みから　（森久智江）

　本報告は，犯罪への対応として社会内処遇を広く活用しているオーストラリア・ビクトリア州で，犯罪をした人の生活再建支援を行う民間団体・ACSO（Australian Community Support Organization）の支援者支援の現状を確認し，日本における「支援者支援」への示唆を得た上で，今後の方向性について検討するものである．

　ACSO は，刑事施設出所者や社会内処遇命令を受けている人の受け皿として機能している団体で，その組織的特徴は，ドラッグ，アルコール，精神保健にかかわるサービスや，障害のある人へのサポート，就労支援等を行う「直接支援チーム」の上に「臨床チーム」が置かれている点にある．

　日本における「支援者支援」の文脈においては，バーンアウト防止等のための精神的支援について語られることが多いが，ACSO の「臨床チーム」の存在意義は，内部的には支援の価値・方法論の共有，質保証，ピアサポート，そして外部的には，支援についてのアカウンタビリティを担保することにある．さらに，クライエント本人にとっては支援による権利保障の質を担保することにも繋がる．

　日本において，ACSO のようなシステマティックな支援者支援の即構築が困難であるとしても，地域生活定着支援センターや保護観察所等と，大学との連携による支援・研修体制を作る等，支援者支援（さらには支援者組織支援）のためのスキームをまず浸透させるべきであろう．

自立更生促進センターにおける処遇とソーシャルワーク

企画者・話題提供者：本庄　武（一橋大学）

話題提供者：木下裕志（東北地方更生保護委員会，
前福島自立更生促進センター長）

調子康弘（宇都宮保護観察所，元茨城就業支援センター長）

高橋有紀（福島大学）

1　企画趣旨

　自立更生促進センター（以下，センター）は，更生保護事業法上の更生保護施設ではないものの，いわゆる「国立の更生保護施設」である．福島，北九州，茨城，北海道沼田町と全国に4か所，2007年から2010年にかけて開設されている．センターでは，民間の更生保護施設では受け入れ困難な利用者に対し，保護観察官が濃密な処遇を実施するとされている．しかし，濃密な処遇が何を指すのか，またセンターではいかなる処遇プログラムが実施されているのか，センター利用者に対していかなる支援が行われるべきなのかは必ずしも明らかではない．更生保護において伝統的に援用されてきたソーシャルワークの理念が，センターでの処遇といかなる関係に立つかも問題である．

　加えて，法制審議会少年法・刑事法（少年年齢・犯罪者処遇関係）部会での議論では，現在センターでのみ実施されている，特定の犯罪的傾向の改善を目的とする処遇や，宿泊の義務付けを民間の更生保護施設に拡大することが検討されている．その是非を考えるうえでも，まずはセンターでの処遇の実情を解明し，分析しておく必要がある．

2　話題提供 1　自立更生促進センター構想の概要とこれまでの議論
（本庄　武）

　センター設置を提唱した「更生保護のあり方を考える有識者会議」報告書（2006 年）では，民間の更生保護施設では担えない機能の受け皿をセンターに期待していた．具体的には，更生保護施設では受け入れ困難な再犯リスクの高い対象者に対し，充実した処遇プログラムを実施し，かつ適切に不良措置を取ることにより，再犯リスクを低下させるとともに，なお残る再犯リスクについては，更生保護の意義について国民に理解を求めることにより甘受することを求めていたのではないかと思われる．

　しかしその後開設を予定した各所で激しい反対運動が起こり，ようやく開所にこぎつけたところでも地域住民との協定により，有識者会議の議論で言及されていた性犯罪者や放火犯を入所させることはできなくなった．また当初の議論では，入所者として高齢者，障がい者等も想定していたが，こちらについては特別調整制度が始まり更生保護施設での受け入れが拡大した．その結果，実際のセンター利用者は想定とは異なるものとなった．

　センターには通常の更生保護施設とは異なる特色がある．第 1 に，センター利用者には宿泊を伴う濃密な指導監督を可能にするための居住指定という特別遵守事項が設定される．第 2 に，センターで独自に開発された専門的処遇プログラムも実施され，特別遵守事項として義務付けられている．これらの仕組みは当初のセンター利用者を想定しているようにもみえる．法制審議会の議論は，こうした制度を民間の更生保護施設に拡大することを志向しているが，その是非を検討するためにも，センターの現状を正しく認識することが不可欠である．

3　話題提供 2　福島自立更生促進センターでの処遇の実情
（木下裕志）

　更生保護関係者は当初，センターにより更生保護施設で受け入れ困難な層の受け皿になることで累犯サイクルを止められると大きく期待していた．しかし，民間の更生保護施設が受け入れたがらない覚せい剤事犯者を積極的に受け入れ

ている北九州センターにはそれなりに存在意義があるものの，福島センターは対象者をうまく絞れておらず，利用状況が低迷している．民業を圧迫しないとの不文律があるところ，受刑者数の減少により，更生保護施設が引き受けに積極的になっていることが大きい．また福島では数万人の反対運動を経ており，地域との関係で制約が大きい．利用者の子どもとの接触を防ぐため，職場へは職員が送迎している．また覚せい剤事犯者の入所への抵抗感が非常に強い．窃盗更生支援プログラムを実施しているが，対象者の範囲が広すぎて，一つのプログラムで行うのは難しいとの課題があり，処遇面で特徴が見出しにくい．ただし，地域住民や有識者等と毎月1回，運営連絡会議を開催しており，センターの運営状況をチェックしてもらっている．これは，保護観察官の訓練になると同時に，利用者は本来は社会的弱者であり，確実な支援を及ぼすことで被害を減らすことができることを広報する意義がある．

4　話題提供3　茨城就業支援センターでの処遇の実情　（調子康弘）

　就業支援センターは，福島・北九州の自立更生促進センターとは異なり，必ずしも更生保護施設受入困難者を対象としていない．茨城センターの場合，農業実習を内容とする職業訓練及び将来の就農に意欲を有し，一定の資質がある者を対象に，6カ月間の職業訓練とともに就農支援を行っている．訓練を修了した退所者のうち，6割弱が農業に従事している．職業訓練は，ハローワークと連携し職業能力開発校から委託を受けた県内の農家で実施してもらっている．保護観察官は，就農に向けた指導・支援，通常の保護観察で行っている指導・支援，センター内での対人関係に関する指導・支援を実施している．担当保護観察官は実習生に対し6カ月間ほぼ毎週1回，面接室で面接を実施する．自己の犯罪，現在の対人関係，将来の就労・自立等について継続的に相談，指導，助言を行うため，濃密な関係が形成される．面接の頻度，回数は通常の保護観察よりはるかに高く，処遇関係は濃密である．日常生活のほか，農家見学，就農説明会への動向等で訓練生の様々な姿が見えてくる．遵守事項違反があっても機械的，一律に対応するのではなく，集団の公平感・納得感にも留意しつつ，個別の状況に応じて判断している．

5　話題提供4　自立更生促進センターに処遇における
ソーシャルワーク　（高橋有紀）

　2000年以降の更生保護施設を巡る議論では，「福祉」概念は当初，一時的な宿泊場所を提供することを意味していたが，次第に障害者，高齢者等を念頭に，施設退所後につながるサービスを指すものへと変容していったようにみえる一方で，「処遇」概念は，一貫して，個々の犯罪性や問題性に働きかけるものとして用いられている．その中で，センターには，保護観察官による宿泊を伴う専門的な処遇が期待されていた．

　学説では，民間更生保護施設での処遇は，信頼関係に基づくソーシャル・ケースワークの実践であるとか交話的な関係とそれを土台とする処遇である，という認識を背景に，センター構想に対して批判的な見解が見られた．確かに，伝統的に行われてきた更生保護施設での実践も，「福祉」といえる．しかし，センターの現状を踏まえると，そこでの処遇とソーシャルワークを対立的にとらえることはできない．センターにおける「処遇」とは，センターの保護観察官と利用者との共同生活を通しての濃密な関わりに，専門的・科学的な処遇プログラムや充実した就労支援を加え，さらに地域とセンターが共生し，センターから地域へとつなぐことを意味しており，出所者支援というソーシャルワークと捉えることができる．そのために，強力な指導監督や宿泊の義務付けが不可欠なのかには疑問が生じる．

6　討論

　討論の過程では，センター構想は地域に受け入れられる過程で当初の理念から変容したこと，保護観察を充実強化するといっても厳しくするだけではうまくいかないことが浸透してきたこと，センターは豊富なマンパワーを投入しているため効果は上がっていることが確認されるとともに，利用者を女性出所者に拡大する，被害者との対話や退所者支援を拡充していく，といった今後の展望に関する議論が行われた．

交通事故加害者家族の現状と支援
——過失犯の家族へのアプローチ

企 画 者：阿部恭子（NPO 法人 WorldOpenHeart 理事長）
話題提供者：阿部恭子
　　　　　　遠藤真之介（NPO 法人 WorldOpenHeart 副代表）
　　　　　　佐藤仁孝（NPO 法人スキマサポートセンター理事長）
　　　　　　弓指寛治（画家）

1　企画趣旨

　NPO 法人 WorldOpenHeart（WOH）は，殺人や性犯罪といった加害者家族を支援する団体である．WOH は，2014 年〜 2016 年に交通事故の加害者家族（120 人）が事件後どのような問題を抱え，どのような支援が必要であるか調査を行った．調査結果では，「過失」という概念が，加害者及びその家族に及ぼす心理的影響は大きく，刑事手続では在宅事件となるケースが多いことから，家庭内での加害者と家族との物理的距離が近いゆえのストレスや悩みが大きいことが明らかとなった．したがって，交通事故加害者家族の回復には，故意犯の家族とは異なるアプローチが求められる．

　WOH は，2015 年から東京で年に数回，「交通事故加害者家族の集い」を開催し，啓発活動として交通事故被害者家族との対談イベント等を実施している．2019 年 6 月からは，愛知県において，交通事故加害者と家族を対象とした「交通事故加害者及び家族の会」を立ち上げ，月に一回，当事者同士が語り合うミーティングを開催している．全国各地で痛ましい死亡事故が相次いでいるが，都道府県別の死亡事故件数が 16 年連続で最も多い愛知県を拠点として全国に活動を広めていく予定である．

　本シンポジウムでは，WOH が相談に対応してきた交通事故加害者家族について最新のデータから，支援の在り方についてどのような専門家がどのような

状況で連携していくことが自殺や再犯，家族関係の崩壊の抑止になるのかを検討する．

2　話題提供 1　NPO 法人 WorldOpenHeart（WOH）の取り組みから　（阿部恭子・遠藤真之介）

　WOH による加害者家族支援において，「家族会」と称しているグループアプローチは，社会的に孤立する傾向にある加害者家族が回復していくうえで重要な役割を果たしている．

　「家族会」は，WOH 設立当初は，運営資金や人的資源が乏しいなかで唯一提供できた支援として，ケアというよりは「居場所」という意味合いが強かった．WHO が活動を続けていくなかで，加害者家族の実態に関する情報が蓄積され，さらに，情報提供や法的支援といったその他の支援内容が充実化するにつれて，現在では「ケアのための空間」として機能するようになった．

　加害者家族が一時的にでも孤立感から解放され，職場や家庭の中でさえも押し殺している感情を解放し，精神的な負担を減らすための空間として家族会を機能させていくためにまず検討されるべきはグルーピングである．WOH では，「親の会」「配偶者の会」といった加害者との関係性（続柄）を軸としたいくつかのグループを構成している．家族会が発展していくなかで，血縁と姻族において加害者家族としての悩みや立場の違いが顕著になってきたからである．交通事故加害者家族の会は，WOH の家族会としては，事件の内容を軸として組織した初めてのグループである．

　交通事故案件の多くは，過失犯であるがゆえに家族は加害者に同情的であり，家族として加害者を支えていくことにも迷いがなく積極的な傾向にある．自分の家族が起こした事故をどのように位置づけるのかは，参加する加害者家族の判断に委ねられるべきであり，複数のグループが用意されることは，参加者の選択肢を増やし，よりニーズに即した空間を提供することに資すると思われる．

3 話題提供2 NPO法人スキマサポートセンター（SSC）の取り組みから （佐藤仁孝）

　SSCの事業は，①心理・福祉・法律相談，②学習・研修，③就労支援，④調査・研究，⑤付き添い・出迎え支援，⑥ピアカウンセリング事業などである．

　加害者家族の多くが抱える問題は，①心理的問題「誰にも言えない」「死にたい」「噂されている（気がする）」「どうしたら良いのか……」「子どもに何と言えば良いのか」「家族関係が悪くなった」「本人との関わり方」，②法的問題「刑事事件の流れがわからない」「弁護士との関係」「面会手続き」「離婚を考える」「被害者への対応」「負債」，③経済的問題「経済的柱を失った」「訴訟費用・慰謝料・保釈金」「転居・転職を余儀なくされる」，③メディの問題「新聞やテレビで報道された」「インターネットに住所が出た」などである．そこで，SSCでは，①心理的支援（カウンセリング・ピアカウンセリング・危機介入），②法的支援（法的相談，刑事事件の流れの説明，刑事弁護に強い弁護士の紹介），③福祉サービスの情報提供（生活保護受給，精神障害者福祉手帳の取得，支援機関の情報提供）④面会の代行（本人の見立て，意見書作成，関わり方支援），⑤付き添い支援（面会，裁判，病院等）⑥転居・家の片づけ（本人の所有物の処分，引っ越し等）といった支援を行っている．下記，交通事故加害者とその家族の事例を紹介する．

　【事例1】相談者は加害者との関係は「子」（成人）である．大型トラックの運転手であった父親が，遠方で高速道路を運転中，追突し多重事故を起こした．父親が勤務している会社の代表から連絡が入ったが，それ以降代表者とは連絡が取れない．会社が弁護士をつけると言ってくれた．ニュースで詳細を知ったが，本人や弁護士から連絡はない．どこに勾留されているかもわからない．母親は泣いてばかりいて，食事も取れていない状態であり，家族として，何をすべきかわからないという．

　まず，刑事事件の流れや，量刑の見込みについてSSCの弁護士が説明．業務上の事故であり，会社と折衝が必要になる可能性についても検討した．相談者はパート，母親は無職で家計は本人が支えていたため，今後の生活の見通し

について生活保護などの説明を含め助言した.

【事例2】相談者は母親. 人身事故を起こしてしまった息子が, 数ヶ月前に交通事故を起こした. 本人は執行猶予となったが, 被害者に障害を負わせてしまった. 本人は会社員をしていたが, 事故をきっかけに退職. 自責の念から, 「死にたい」と話したり, 夜中に叫び声を上げたりするようになった. 引きこもりの状態で数ヶ月経った. SSC の心理士が家庭訪問し, 両親と本人と面談. その後, 本人の通院の意思を確認し, 通院することになった.

4　話題提供3　車が及ぼす加害と被害の可視化　（弓指寛治）

2011年4月18日に集団登校していた小学生列に大型クレーン車が侵入し, 6人の児童が死亡する事件が起きた. 加害者はてんかんを患っており, 運転時は薬を服用していなかった. さらに, 加害者はクレーン車事故を起こす以前に, てんかん発作による交通事故を5回起こしている. 同居していた母親は民事訴訟で, 共同不法行為が認められた.

弓指氏は, この「鹿沼クレーン車事故」の被害者遺族と加害者家族, それぞれにインタビューを試み, 裁判資料などを基に作品を作2019年あいちトリエンナーレに出展した.

被害者M君を中心とした6人の子どもたちとその家族, 支配欲を与えてくれる車という存在, 移動への欲望, 加害者家族のつぐないなど, メディアでは報じられていない物語をも独自の方法で表現している. アカデミズムやジャーナリズムの限界を超えたアーティストならではの解釈に圧倒される.

子どもたちの尊厳と主体性について

——高校生・大学生が実践するアウトリーチ活動を手がかりに

企画・司会：荒井和樹（NPO法人全国こども福祉センター
〔以下，福祉センター〕理事長・社会福祉士）
報　告　者：黒川美津紀（福祉センター・大学生）
加納慎恭（福祉センター・大学生）
滝澤ジェロム（福祉センター・大学生）
伊藤ひかり（福祉センター・社会福祉士）
荒井和樹

1　企画趣旨　（荒井和樹）

　非行少年に関する手続きが進むと，児童相談所や少年院，保護観察所などの専門機関がかかわることになるが，そこに至るときには，すでに家族や学校，地域で重複する課題を抱え，社会復帰支援（出口支援）が深刻な課題となっていることも少なくない．

　司法福祉領域は，児童虐待や少年非行への対応，子どもの権利や児童福祉の充実も含まれている．罪を犯した者への再犯防止や社会復帰支援が注目されているなかで，福祉センターでは，問題が発生してから介入するのではなく，犯罪抑止・未然防止を目的としてフィールドワーク（現地調査）とアウトリーチ活動を継続してきた．

　福祉センターでは，支援や援助機関に抵抗を示す子どもたちと直接的に関わり，対話を重ねている．一緒に活動することで意見をもらい，ニーズの把握やアセスメントだけでなく，アウトリーチの方法や活動内容についても見直しを図っている．福祉センターのアウトリーチ含む諸活動は，未成年者でも自由に「参加」ができる．青少年期は大人の保護から距離を置き，自分で問題を設定し，自身の生活を模索していく時期である．それは，青少年の「尊厳」や「主

体性」に深くかかわる部分といえよう.

　国内では, 著名人や専門家, 当事者団体のリーダーが社会問題について語り, 意見を代弁する機会をよく目にするが, 所属メンバー全員が発信者・実践者となる取り組みはほとんど見られない. そこで, 本分科会は少年少女の尊厳と主体性について追求する. 報告者は 10 代からアウトリーチ活動に参加してきたメンバーで構成されている.

2　話題提供 1　（黒川 美津紀）

　愛知県内の大学に進学してから福祉センターに関わっている. きっかけは, 当時のメンバーがアウトリーチ活動として, 大学の入学式で配っていた 1 枚のチラシである. 「子ども×スポーツ」という言葉に惹かれた. そして, 福祉センターが主催するアウトリーチ研修に参加したことが一番のきっかけとなった.

　中学生の頃に非行を経験, 家庭内の問題でも行き詰まり, 人間関係も躓き, 不登校も経験した. 福祉センターの仲間と出会い, 「自分が中学生の時にこんな人と出会っていたら……」と強く感じた. だからこそ, 困りごとが発生してから手を差し伸べるのではなく, 困りごとが発生する前から関係性を築くことが重要だと考え, 関係性づくりを意識して活動している. 「困っている」, と言うことは関係が十分に築けていない人間には言い辛い. 自分で問題を解決し, 自分の足で立ち上がれる力, その経験をとおして本人が学ぶ機会が重要と考える.

3　話題提供 2　（加納慎恭）

　わたしは家庭環境に大きな問題を抱え, 然るべき機関や制度, 福祉サービスを受給するべき状況にあったと思っている. しかし, 両親のことを考えると福祉を利用する立場になることに抵抗があった. 両親が周囲からどう思われるかを考え, 躊躇した. 「どうせ自分の家庭だけで, 他人にはわからない」と諦めていた.

　大学生のとき, 福祉センターと出会い, フィールドワークに参加した. 声かけをしていくなかで, 家族への不満から家出をし, 自殺を考えている少女と出会った. 自身の問題と向き合いながら, 同じような境遇の子どもの助けになれ

ればと思い活動を続けるようになった．共感してくれる人，同じ境遇の人との出会い，コミュニケーションを通じて，少しでも心が軽くなればと考えている．自分のように，福祉が利用できない状況をくみ取ること，承認することがアウトリーチをする際に重要と考え，実践している．

4 話題提供3 （滝澤ジェロム）

わたしは生まれも育ちも日本．フィリピン国籍の外国人である．小学生の時，両親が不法滞在で入国管理局に捕まり，両親と離れることになり，児童養護施設で9年間過ごした．福祉センターと出会ったのは中学生の時である．福祉のことを学びたいと思っていたところで先駆的なアウトリーチ活動を知り，高校進学後から活動に参加した．フィールドワークでは支援を必要としている子，そうでない子と区別せず全ての子にアプローチし，対話を通してお互いが学び，経験し，そこから必要な情報を届ける活動をしている．

家族の在留特別許可の申請や裁判も行ってきたが全て却下され，自分が抱える問題が解決されないまま高校を卒業し，施設を退所することになった．現在は，自分の問題に向き合いながら，外国籍の子ども支援と対策について試行錯誤している．

5 話題提供4 （伊藤ひかり）

わたしは社会福祉を学ぶ大学に通っていた．大学の講義でボランティアに参加し報告するという課題がきっかけで団体のことを知った．活動参加した時に，様々な悩みを抱える子たちと出会った．継続的に関わり，仲が深まると大人への不信感や，支援という言葉への拒否感について話してくれた．本人の気持ちややりたいことなどが尊重されず，大人や専門職の目線でその子の悩みや問題と向き合おうとするため，不信感や拒否感に繋がっていると感じた．

講義の中では面接室での関わりからまず始まるが，そもそも面接室に来ない人がいるという事すら考えたことがなかった．私は社会福祉士として，面接室に来ないような支援への拒否感を示す子や，支援自体を知らない子たちへのアプローチが重要であると考えている．

6　フロアからの質問（一部）

Q：BBS会など学生中心の団体は，うまく機能しない，活動継続などの課題が
　　ある．センターで活動するメンバーは，なぜ継続できるのか？

A：報告者①自身の学びのため，自身の居場所になっている．②当事者だけで
　　なく多様な人と関われる．③居心地がよく，過去に出入りしていた．活動
　　継続の危機と知ったときに，存続させたいと思い活動復帰を考えた．

Q：アウトリーチの際，どこまで介入するかについて，線引きをどうしているか？

A：報告者①基本的には「線引き」という概念がない．②専門家集団ではない
　　ため，深刻化したケースについては無理せずに他機関紹介，つなぐことも
　　ある．③声かけの対象を決めているわけではないので，本人とかかわりな
　　がら考えていく．④強い依存関係にならないよう距離感を意識している．
　　⑤センターでは，上記の考え方の違いについてメンバー間で共有している．

Q：非行行為はどう処理しているのか？

A：報告者①私は自身の体験から強く注意しない．強く言うメンバーもいる．
　　メンバー間で役割を分担している．②支援者が注意するのではなく，なぜ
　　だめなのかを当事者と一緒に考えている．

7　まとめ　（荒井和樹）

　声かけで出会う少年少女は支援を受け入れることに躊躇し，拒否する者が少
なくない．保護や当てはめる支援は，本人の尊厳や主体性を奪うこともある．
社会的役割や出番を自ら獲得するには，援助活動の対象（客体）から主体へ変
わる機会が必要である．

　報告者は10代のときから，それぞれが抱える問題について追求したり，実
践したりできる環境のもと，活動を継続してきた．少年少女の尊厳や主体性を
考える際の参考になれば幸いである．

ソーシャルワーク機能の再検討及び当事者支援のあり方
——DV 事案における当事者支援を参考に

企 画 者：松村歌子 (関西福祉科学大学)

話題提供者：松村歌子

宮園久栄 (東洋学園大学)

李妍淑 (北海道大学)

橋場典子 (成蹊大学)

井上匡子 (神奈川大学)

1　企画趣旨

　近年，高齢者による犯罪や障害者による犯罪，薬物犯罪の再犯事案の多さなどから，従来の応報的司法による対処の限界とダイバージョンの必要性が唱えられ，その受け皿として，福祉との連携がなされるようになってきた．高齢者や障害者の多くは，自身が抱えている問題が法律問題であることに気付いていない，意思疎通が困難である，行政への提出書類の書き方が分からない，そもそも書類を提出する必要性が分からないといった理由から，単独で法的援助を求めることが難しい状態（いわゆる司法アクセスの障害）にあることが少なくない．そこで，各種関係機関と連携をとり，問題を抱え，支援を必要としている人に積極的に働き掛け，心理的・社会的・法的ケアを提供し，社会から逸脱することなく，社会に包摂できるように支援する必要がある．そして，その対象者は，決して障害者や高齢者，触法少年などに限られたことではない．DVにより自己決定能力が一時的に低下するに至った当事者もその支援の対象である．DV 事案では，自身が受けた暴力被害について，配偶者暴力相談支援センター等の相談員に相談に行き，センターの一室で話を聞いてもらうだけでは問題は解決しない．もちろんカウンセリングによる心のケアは回復支援にとって重要

なことではあるものの，他機関連携とソーシャルワークによって自身が必要としている支援とつながることで真の問題解決へと至るのである．

　サービスや支援などを提供する制度と支援を必要としている人をつなぐこと，つまりソーシャルワーク機能や専門家が制度の中に実装されることで，その制度は全ての人にとって実質的に利用しうるものとなる．DV 事案において，現在，現場の相談員が実践していることをきちんとソーシャルワークとして位置づけること，そして，制度の中で役割と機能を明確に位置づけ，相談員の専門性を再評価する必要がある．本分科会では，DV 事案を手掛かりに，支援現場において必要な機能と役割について検討を行った．

2　話題提供 1　DV 事案におけるソーシャルワーク機能と加害者への働きかけの必要性　（松村歌子）

　DV 被害者支援の現場においては，その多くでソーシャルワーク機能の必要性が認識されていないだけでなく，「逃がす」支援に終始しているのが現状である．全国で一定水準の支援を提供するためには，支援の責任主体を明確にすること，ソーシャルワーク機能を制度の中に位置づけること，加害者に適切な働きかけをすることが必要となる．本報告では，現状の支援のあり方を整理し，ソーシャルワーク機能の重要性，被害者・加害者の双方に働きかけをすることが必要であること，今後の支援のあり方について検討した．

3　話題提供 2　婦人相談員とソーシャルワーク　（宮園久栄）

　現在の婦人保護事業は，今や，売春した女性のみならず，性暴力，DV，貧困，家庭破綻，障害等様々な困難を複合的に抱え，自ら支援を求めて行動することが容易でない女性への対応をも担っている．婦人相談員は，婦人保護事業の実施機関として，要支援女性の発見，相談・支援の提供，必要に応じた関係機関との連携を通じて，問題解決を担う役割を有しているが，こうした役割について，これまであまり関心が払われてこなかった．本報告では，婦人相談員に対し実施した調査を基に，こうした婦人相談員のソーシャルワーク機能について

検討を行った.

4 話題提供3 DV 事案におけるソーシャルワーク
——台湾の事例を中心に （李妍淑）

　台湾では，煩雑な養子縁組手続への支援を契機として，本格的にソーシャルワークが導入され，その後，司法分野においても幅広く展開されてきた．特に，DV 事案，家事事件（主に面会交流）におけるソーシャルワークの導入とそのスタッフによる当事者支援は，早期発見・早期介入による被害者保護だけでなく，関連機関へのアクセスを迅速かつ正確にすることで，一時的に自己決定能力が低下した当事者のエンパワーメントにも繋がっている．本報告では，台湾のソーシャルワーク制度の全体像の概観及び DV 事案におけるソーシャルワーク機能の検討により，日本への示唆を試みた.

5 話題提供4 ソーシャルワークの属人性からの脱却と
専門性への展開 （橋場典子）

　ソーシャルワークは様々な分野でその重要性への認識が顕在化している．例えば司法アクセスとの関連では，法的トラブル自体への気付きがない場合，法的介入だけでは本人が抱える諸問題を総合的に解決することにはならない場合，本人が法的介入や法的存在自体を拒絶する場合（法拒絶と呼ぶ）等において，特に大きな期待が寄せられている．本報告では，これまでの参与観察を踏まえ，ソーシャルワークが属人的な要素に付随して発揮される場合の原理的な限界点を指摘した上で，「機能」として捉えることを通して，専門性への展開を検討した.

6 話題提供5 DV ケースに適合的なソーシャルワークの専門性の
確立と養成課程の必要性 （井上匡子）

　一般に，ソーシャルワーク機能が必要とされる事案は極めて多様であり，多

岐にわたる．翻って DV ケースは，当事者間の直接的な葛藤・対立だけではなく，社会規範や社会構造を介した間接的な対立や葛藤が見られる点に大きな特徴（葛藤の輻輳性と紛争性）をもつ．

　本報告では，主としてフランスの議論に手がかりとして，現代社会におけるソーシャルワーク機能の重要性を確認し，専門職としてのソーシャルワーカーの役割（二重の Advocacy）の特徴を明らかにした．その上で，これまでの DV 施策の中でソーシャルワーク機能が十分に位置づけられてこなかった点（ソーシャルワークと DV 施策の不幸な結婚）を指摘した．さらに，DV ケースの特徴に適合的なソーシャルワークのあり方を模索するために，二重の Advocacy それぞれに即した機能を指摘するとともに，DV ケースに適合的なソーシャルワーカーの専門性について，スキル／知識／能力に分けて，考察した．最後に，DV 支援の現任者たちの高齢化などの現場の状況に鑑み，DV ケースに適合的なソーシャルワーカーを専門職として養成するための課程の提案と実現が喫緊の課題であることを指摘した．

7　まとめ

　DV 被害者支援の現場においては，「ソーシャルワーカー」「ソーシャルワーク機能」についての社会的認知が低い．相談窓口を設置するにあたっては，権限を持ち，専門性を伴った，かつジェンダーの視点を持ったソーシャルワーカーを配置する必要がある．

　DV 事案において，被害者のニーズは，暴力を振るわれている環境から逃げたい，加害者と同居しながら支援を受けたい，加害者に罰を受けてもらいたい，加害者に「暴力を振るわない人」に変わってもらいたいなど様々である．DV の問題は，離婚とそれに伴う法律問題，親族との関係性，子どもの教育，雇用，住居，経済的な問題，当事者の抱える障害，高齢，国籍など，様々な複合的な問題を抱えており，分野縦断的な支援が必要となる．そして，日本の DV 被害者支援の現場において半ば放置されてきた加害者へのアプローチについては，加害者の危険度を適切に判定し（リスクアセスメント），被害者・支援者の安全を確保したうえで，再加害の防止と「逃げないで済む」支援を提供していくこ

と，加害者が受け入れやすい話の持っていき方を被害者から間接的に聞く方法
や，警察等による説諭・警告，加害者プログラムの受講と司法的監視，刑罰な
ど，加害者本人に直接働きかける方法など，現場の実情に合ったアプローチの
方法を整理・構築し，事案に応じて適切な手法を選択できるような環境を整え
ていく必要がある．

＊本分科会は，科研費基盤研究Ｃ（一般）「DV の再加害防止に向けた法制度の総合的研究」
（課題番号：19K01438，研究代表者：松村歌子）の助成を受けて実施した．

子どものための司法福祉実践とソーシャルワーク
——児童自立支援施設の実践を中心に

企画者・司会：武　千晴（日本女子大学・学術研究員、埼玉県立大学・非常勤講師）
報告：「小舎夫婦制を考える会」有志
　　　徳地昭男（元国立武蔵野学院）
　　　相澤　康（国立武蔵野学院）
　　　市川美帆（元国立きぬ川学院）
　　　笠松聡子（国立武蔵野学院）
　　　橋本由佳（さかなしホーム・元千葉県立生実学校）
　　　砂川えり（愛媛県立えひめ学園）

1　企画趣旨

　本分科会のテーマは，大会テーマに沿い，子ども，特に罪を犯した子どもや不良少年，非行少年などと呼ばれる子どもを対象とした司法福祉実践とソーシャルワークとしたい．そのために，児童自立支援施設におけるアフターケア実践について取り上げることとした．

　シンポジストとして児童自立支援施設の職員・元職員を中心とする研究会「小舎夫婦制を考える会」より6名の会員にご参加頂き，同施設のインケア及びアフターケア事業についてご報告頂いた．特に，職員より対応が難しいと言われる女子の事例については，自立援助ホームでの実践も併せてご発表頂いた．全体会は参加者全員参加とし，職種を越えて意見交換を行った．

2　話題提供1　卒業生との関わり　（徳地昭男／まとめ：武　千晴）

　まず，a.施設におけるアフターケアの歴史（少年教護委員，補導員制度など），b.事例（2例），c.事例から考えるアフターケアの現状と課題，についてご報

告頂いた．次に，これらを踏まえたアフターケアのあり方について，以下の提言が成された．①自分自身で問題を理解し，困難に遭遇しても自分で解決できるよう支援することが必要，②子どもを担当（直接）した職員が行うことが望ましく，成果もよい，③特別に訓練された SW による支援も必要，また，SW は施設の生活に通じており，施設及び担当職員と緊密に連絡をとらねばならない，④子どもを支援する者と子どもとの間には人間的信頼関係が大切である．

3 話題提供2 国立武蔵野学院におけるソーシャルワーク
（相澤 康）

国立武蔵野学院では，全国から子どもの入所を受け入れていることから，家庭訪問をするなど，直接本人に会ってアフターケアを行うことは困難である．そのためインケアにおいて何をするかが重要になる．

児童自立支援施設は，よく「枠のある生活」と言われることから，厳しいルールを設定し，強制的に守らせることで，遵法精神を育てたり規範意識を高めたりしているところのように誤解されているが，「枠のある生活」とは，子どもたちが安心して生活できる環境の設定をすることであって，決して厳しいルールで彼らを縛り付けることではない．インケアにおいて子ども自身が大切にされた体験を通して，大人への信頼を回復し，退所後に「私にはいつでも連絡できる場所がある」と子どもたちが言える関係を築くことが大切であり，それが上手なアフターケアに繋がるものと考える．

4 話題提供3 退所生への支援──アフターケアの実践
（笠松聡子）

国立と県立，夫婦制と交替制，両方の児童自立支援施設で働いた経験から，国立施設と県立施設との違いや，「国立のデメリットをどう埋めていくか」などについて具体的な事例を交えて報告した．特に最近の傾向として，入所中に各障害福祉手帳の取得に至るケースが増加しており，医療や教育，司法との連携がこれまで以上に重要だと感じている．

　また，新たな取り組みとして，「FGMJ（Family Group Meeting in　Juvenile delinquency）＝家族合同ミーティング」を取り入れたアフターケアも試みられている．これにより，子ども本人だけでなく，保護者も一緒に――それも入所前から退所後まで一貫した支援が行われるようになっている．国立施設では，子ども（保護者）の地元が遠いなど，物理的な制約はあるが，「本人の近くで生活している者同士だからこそ共有出来ること」を強みに，施設にしか出来ないケアを心掛けている．

5　話題提供4　女子児童のアフターケアの事例と課題について
（砂川えり）

　女子児童のアフターケアにかかわる中で，予期せぬ妊娠や異性との被支配的・暴力的な関係等，「性」に関する相談が多いと感じている．そのため，入所中のリービングケアの段階から退所後に備えて，個別の状況に応じた性教育を行ったり，困ったことが起きたときに自分で調べられるようなノートを一緒に作るなどしている．そして退園時には，いつでも電話できるよう，「アフターケア専門の携帯番号」を教えている．そうして，退園生が予期せぬ妊娠をした際は，相談に乗り，出産すると決断した場合には，児童相談所などの関係機関に情報を提供することで，母子が孤立したり，児童虐待の発生リスクの軽減に努めている．若年で出産した退園生を，児童相談所と連携して訪問し，出産のお祝いをしたり，育児への励ましを続けることにより，順調に子育てを継続している退園生もいる．

　このように，学園から退園したら関係が終わり，ではなく，その先も相談できる関係づくりや，つながれる関係機関を広げていくことが今後も支援の鍵となるであろう．

6　話題提供5　国立児童自立支援施設における退所ケア
（市川美帆）

　国立児童自立支援施設において，寮担当以外の職員が行う退所ケアについて

報告した．施設で行われる退所に向けた支援は，入所間もない時期より，授業や資格取得支援，作業指導等といった場面において行われているが，今回はその中でも SST（ソーシャルスキルズトレーニング）の取り組みについて，例をあげて紹介した．①新聞のちらしを使い，一人暮らしに必要な家具・家電を予算内で選ぶ，②非常持出袋のパッキングゲームを通して災害への備えを学ぶ，③焼香のやり方等，葬式のマナーを学ぶ，④電話のかけ方を学ぶ，⑤企業の協力を得て面接試験に役に立つメイク講座を開催，等である．

また，退所準備期に行われる職場体験実習についても触れた．

7 話題提供 6 自立援助ホームはアフターケアなのか？
（橋本由佳）

千葉県の児童自立支援施設で 12 年間勤務した．多くの子どもたちの巣立ちを見守りながら，彼ら退所生が日々，想像を超える困難さと闘っていることに気づき，退職して彼らのアフターケアを担うべく自立援助ホームを志し，今年で 5 年目を迎えた．

当初，アフターケア事業としての利用を想像していたものの，実際には，社会から見逃されてきた青年期の若者たちの入所が続き，現在に至っている．彼らの多くは被虐待経験をもち，教育環境も乏しく，まさに今日を生き延びてきた人たちであった．

若者たちの悩みは，育ってきた原家族のこと，そして自分自身のこと，これから自分が作る家族の事に分けられるようである．本分科会では女子の事例を中心にご報告するが，しかし，このような悩みは，社会的養護下にある人たちに特有のことではなく，私たちにも共通のことではないだろうか．アフターケアとは，彼らと共にどうしたらいいか考え，行動していくことなのだと考えている．

8 まとめ

(1) 児童自立支援施設のアフターケア実践から見えてくること

児童自立支援施設では「アフターケアー一生」という標語が語り継がれ，実

践されてきた．これは，職員が生涯を通じて退所生の人生に寄り添うことを意味する．こうした支援のあり方には，異論もあろう．しかし，その善し悪しは別として，これを可能とするためには，子どもと職員とが「関係をつける」ことが不可欠であり，それは，日々，子どもと共に暮らすことで築かれて行く，ということであった．

(2) 児童自立支援施設におけるアフターケア事業の現状と課題

　国のアフターケア事業の一環として，児童自立支援施設では，ファミリーソーシャルワーカーの配置が進みつつあると言われている．しかし，実際には寮担当職員が兼任している施設も多いということであった．報告では，事業の予算を上手く取り入れながら，なんとか工夫して退所生に寄り添う様子が語られていた．しかし，やはり職員の負担は高いと考えられた．

(3) 子どものための司法福祉実践とソーシャルワーク
──今後の児童自立支援施設実践に向けて

　「子どもにとっては BEFORE も AFTER もない」という会場からの声が印象的であった．また，全体会での意見交換を通じて，改めて「『アフターケア』はインケア無くして成立しない」ということが確認されたように思われた．

書　評

千葉県社会福祉士会・千葉県弁護士会 ［編］

刑事司法ソーシャルワークの実務

本人の更生支援に向けた福祉と司法の協働

日本加除出版・2018 年・定価：本体 3,600 円＋税

松田和哲 *

　本書は，千葉県社会福祉士会及び千葉県弁護士会に所属する実務家たちにより，ソーシャルワーカーが刑事司法システムの中でどのように活動することができるのかについて，まとめられた書物である．

　本書は，制度の仕組みなどについて解説した第1編「総論」，実践例を紹介する第2編「ケーススタディ」，当事者・関係者の声を紹介する第3編「更生支援の現場から」の3つの項目から構成されている．

　そもそも，「刑事司法ソーシャルワーク」という用語自体が，近時，刑事司法の世界で注目されるようになったものであるから，その定義が明らかにされる必要がある．本書では，「総論」の冒頭で，刑事司法ソーシャルワークとは，「刑事司法における福祉的支援」であるとされている．

　さらに，「総論」では，この刑事司法ソーシャルワークの定義に基づき，刑事司法制度全般を俯瞰しつつ，対象者の更生支援に関わる，弁護士，社会福祉士，検察庁の視点から，それぞれの立場の職責に基づいて刑事司法ソーシャルワークの果たすべき役割を解き明かしている．

　なお，捜査機関と福祉専門職の関係性については，法制審議会少年法・刑事法（少年年齢・犯罪者処遇関係）部会において，検察庁（捜査機関）に社会福祉

* 弁護士・よつかいどう法律事務所

士を配置するという制度構想の議論がされ，この構想について，様々な批判的な意見が出されている状況にある．一方で，検察と福祉専門職のつながりの意義については，本書では「総論」において，検察実務家の立場から，肯定的に述べられているところもある．

　本書の視座は，刑事司法ソーシャルワークの中心に，ソーシャルワーカー（社会福祉士）を据えるというところに置かれている．そして，本書は，刑事司法ソーシャルワークをソーシャルワーカーのグローバル定義に基づいて捉えることを試みている．捜査機関と福祉専門職の関係性についても，このグローバル定義に基づいたソーシャルワークの視点から，整理されるべきであろう．本書で引用されているとおり，岡村重夫は，「自発的社会福祉の成果を取り入れた新しい法律の改正が行われ，法律による社会福祉が拡大発展するはずである」と述べつつ，「先駆的活動以外に，法律や公的機関の手の及ばない固有の活動領域を持つようになる」とも述べている．このことからすれば，検察庁への社会福祉士の配置という「法律による社会福祉」化と並行して，本書で紹介されているような独立型の社会福祉士による，「固有の活動領域」が尊重され，これらが車の両輪として協働していくような制度が理想とされることになろう．

　また，本書によって，刑事司法ソーシャルワークにおいて，これから解決していかなければならない，いくつかの課題が浮き彫りになっているように思われる．

　第1に，相談支援機関の地域差について．

　本書は，編者が千葉県内で活動する社会福祉士，弁護士により構成されているため，千葉県における実践の紹介が中心となっている．そして，その実践例の多くに，「中核地域生活支援センター」が登場するが，これは，相談者の属性を問わず，包括的な相談支援，機関調整のコーディネートや市町村等のバックアップ等を実施する，千葉県独自の事業である．

　刑事司法ソーシャルワークが注目されるようになった契機は，刑事司法と福祉の狭間にいる人たちに対して，いかに支援していくのか，すなわち，縦割りの弊害へのフォローであった．すなわち，この「中核地域生活センター」の事業目的は，刑事司法ソーシャルワークと志を同じくするものであると理解できる．

このような，自治体の独自事業としての包括的な相談支援等を行う機関が，千葉県における「中核地域定着支援センター」と在り方は異なるとしても存在する都道府県，存在しない都道府県など，地域ごとの事情は様々であると思われる．仮に，存在しない都道府県があるとすれば，包括的な相談支援等の事業化に向けての運動や実践の積み重ねが必要であろうし，究極的には，岡村重夫の言う「法律による社会福祉」化の一環として，国レベルにおいて採用されるべき事業となっていくべきものと思われる．

　第2に，子どもの分野における刑事司法ソーシャルワークについて．

　本書において紹介されている実践例の多くは，対象者が障害者，高齢者であり，それぞれ，刑事司法と，障害者福祉あるいは高齢者福祉との狭間に落ちてしまったケースへの対応であった．

　一方で，刑事司法としては少年司法，福祉としては児童福祉の分野にあたる，子どもに関する刑事司法ソーシャルワークの実践について，本書では，矯正施設からの対処に向けた調整をメインとする1例の紹介のみであった．

　確かに，子どもの福祉の分野では，包括的な相談機関である児童相談所が存在すること，少年法においても，児童相談所長送致，児童福祉施設送致など，福祉的対応を予定していること，家庭裁判所による保護的措置が存在することなどから，刑事司法ソーシャルワークへのニーズは，成人の刑事司法ほど高くなかったものとも考えられる．

　もっとも，対象者が子どもの場合，子ども自身の成長発達によって問題解決に向かう可能性があるとの視点を持つ必要がある一方，背景に各種の障害がある場合には，成人の障害者福祉との引き継ぎをスムーズに行う必要が出てくる．また，児童相談所をはじめとする児童福祉の分野では，非行によって少年法の適用対象になったということを，「児童福祉ではもはやできることはない」と受け止めがちな現実がある．このことから，少年司法と児童福祉の間には，成人の刑事司法の場合とは少し意味合いの違う狭間が存在する余地がある．

　よって，今後，子どもの分野における実践の積み重ねが待たれるところである．

　第3に，社会福祉士，弁護士以外の専門職との協働について．

　本書で挙げられている，特に入り口支援の実践は，大まかに言うと，弁護士，

社会福祉士が協働して，対象者の生きづらさを発見し，それを契機に関係機関から情報を収集し，社会福祉士が更生支援計画書を作成し，弁護士が法廷にそれを顕出する，との流れをとる．

この中で，関係機関からの情報収集の際，これまで，社会のどの機関も対象者の特性を十分に把握していない場合には，社会福祉士，弁護士の側で「診断」や「見立て」を行わなければならない．もっとも，「診断」や「見立て」について，社会福祉士も弁護士も専門家ではないから，医師や公認心理師，臨床心理士などの助力を得なければならない．

本書でも，障害特性に関する臨床心理士の意見書や，発達障害との診断に関する医師の意見書を得た事例が紹介されている．今後の刑事司法ソーシャルワークの議論は，さらに多職種を巻き込んだ連携の在り方へと進んでいくものと思われる．

ところで，厚生労働省は，令和元年6月，「社会福祉士養成課程における教育内容等の見直しについて」を公表した．これによると，従前，社会福祉士養成課程において「更生保護制度」という科目で教えられていた内容について，「司法と福祉の更なる連携を促進し，司法領域において社会福祉士が求められる役割を果たすことができるよう，現行の『更生保護』を基礎として教育内容の見直しを行うとともに，時間数を拡充し，社会福祉士と精神保健福祉士の共通科目として『刑事司法と福祉』を創設する．」として，新たに，「刑事司法と福祉」という科目に再編されることになった．そして，授業時間数も15時間（通学課程）から，30時間（同）とされるなど，その内容の充実が図られている．

本書において，千葉県社会福祉士会において実施されている，「刑事司法ソーシャルワーカー実践講座」の内容が紹介されているが，こうした厚生労働省の動きは，社会福祉士として，刑事司法ソーシャルワークの活動が，より一般的なものとなり，社会福祉士として当然身に付けておくべき素養となってきたことを示唆している．その点からして，本書の内容は，「刑事司法と福祉」のカリキュラムにおいて教えられるべき中身について，実務家の視点から明らかにされている点で，時宜に適したものであると言えよう．

書 評

藤原正範・小林英義 [著]

過去から未来に語りかける社会的養護

叶原土筆，平井光治の思索と実践に学ぶ

生活書院・2019 年・定価：本体 2,000 円＋税

相澤　仁*

　本書は，2 人の著者が日本において稀有な「社会的養護のプロフェッショナル」と評した叶原土筆氏と平井光治氏を対象に実施したインタビューを中心にして，社会的養護において過去から未来に通底する養育やケアのあり方などに関する語りをまとめたものである．

　まず，本書の構成は，次のとおりである．

はじめに

第 1 章　私と社会的養護——進行する改革の中で

第 2 章　叶原土筆先生からの聞き取り

第 3 章　平井光治先生からの聴き取り

第 4 章　小林英義の語り

第 5 章　藤原正範の語り

おわりに

　第 1 章は，教護院や児童養護施設での勤務経験のあった叶原土筆氏へのインタビューの記録である．教護院で育った子ども時代，教護院（小舎夫婦制）での寮長時代，教護院の校長・全国教護院協議会会長の時代，児童養護施設の施設長時代という時代区分に分けて，各時代での経験についてインタビューした

* 大分大学福祉健康科学部教授

内容をまとめたものである．子ども期を教護院で育った叶原氏の語りには，養育者として施設内に住み着くことや養育環境づくりとしての雰囲気の意義など，実践知と評することができる内容が盛り込まれている．

　第2章は，教護院や児童養護施設での勤務経験及び里親の経験などのあった平井光治先氏へのインタビューの記録である．子ども時代，教護院（小舎夫婦制）での寮長時代，一時保護所などで勤務した時代，教護院の校長・全国教護院協議会会長の時代，児童養護施設の施設長・里親の時代という時代区分に分けて，各時代での経験についてインタビューした内容をまとめたものである．各時代で自身の人間性や専門性を向上させてきたエピソードなどを交えて語られている．里親と小舎夫婦制との比較についての語りは興味深い．

　第3章は，著者の一人である小林英義氏へのインタビューの記録である．小林英義氏が研究してきた施設の子どもと学校教育についてインタビューした内容をまとめたものである．社会的養護の子どもたちが必要としているこれからの教育のあり方について，統計などを用いながら丁寧に語られている．

　第4章は，著者の一人である藤原正範氏へのインタビューの記録である．藤原正範氏が研究してきた児童自立支援施設の歴史研究からの学びについてインタビューした内容をまとめたものである．つながりのある歴史的な事実を根拠にしつつ，子どもの養育に携わってきた専門的実践者のこれからの取り組むべき課題や姿勢などについて言及している．

　多年にわたり，児童自立支援施設での勤務経験のある評者としては，評者が叶原土筆氏と平井光治氏の語りの内容について評するよりも，両氏の語りの中で「子どもとの共生共育」において重要な考え方や姿勢であると思った内容などを紹介した方が，読者にとってもよりインパクトや学べることがあると考え，この場では，その語りそのものをいくつか選択して掲載することとした．

【叶原土筆氏の語り】より
「石原先生は父と風呂に一緒に入り，気持ちよく大声でしゃべっておられました．『教護は風呂焚きだ．湯加減が良ければ，風呂に入った者はご機嫌がよくなってくる．湯加減を良くすることが教護なのだ』と．その言葉は，今でも私の頭にあります．私は，子どもたちが暮らしやすい雰囲気，環境を作ること

が大切であると思っています.」

「難儀な経験をしてみて,別れて暮らしている母の苦労がわかり,初めて母に感謝の念が湧く,そして頑張る気になる,そのような子どもの成長に見られるのは,実にうれしいことです.『わかることは変わること』だと思います.」

「孤児の父,あるいは児童福祉の父である『石井十次』は『主婦(保母)の四角(資格)の中で児童中心主義であることが重要』という.私は,それは相手の立場に立つことだと思っております.そう考えると,子どもがいろいろと問題を起こすのはこちら側の力不足,非力である,問題を起こされた私が悪いんだと問い直し,自分の力で高めることが重要であると思うのです.」

「子どもは家庭を求めているのに,八時間の勤務時間の職員がすることが家庭と言えるかということです.私は,教育,福祉,医療の三分野について労働基準法適用除外にならないか,と厚生省職員に尋ねたこともありますが,『無理ですね』と即答されました.そうであるなら,教護院は広い敷地の中で活動が営まれているので,『里親村』『教護里親村』にならないかとも訴えました.」

「環境づくりも大切だと思います.『花を植える』ということも,実は私も若い頃は花なんかどうでもいいと思っていました.しかし,この歳になると花はやはり必要です.花を育てるには時間的余裕がいります.今は職員があまりに忙しすぎるんですね.一日八時間という中で,やたらパソコンやらワープロやらを打たないといけない時代で,そんなことばかりをセカセカやっている.そこには心のゆとりは生まれません.笑ったり,笑わせたり,笑顔で冗談めいたことを言うことが必要です.ゆとりがないと笑顔は期待できないと思うのです.」

【平井光治氏の語り】より

「教護院にとって『枠のある生活』は必要です.(中略)『枠』が必要であるとして,その『枠』の内容,出来上がり方が問題です.力のよる「枠」ではなく議論して築き上げた信頼による,自他ともに尊敬し合える『枠』を作ることです.そのためにはたいへんな努力を要しますが,主体性のある子どもを育てるため,どうしても挑戦しなければならないと思いました.」

「小舎夫婦制であっても施設では,子どもは入所すると,同じ境遇の子どもが大勢いることにまず安心し,集団の中にうまく入ることができると安定しま

す．しかし，里親と里子は一対一，あるいは二対一の関係で，双方慣れるまで気を使います．（中略）子どもの新しい生活への不安をもろに里親にぶつけるのが「試し行為」です．その行為によって，里親は子どもの奥深い悩みや葛藤に触れ，それに対応できるのです．しんどいことですが，これが里親制度の良い点です．『試し行為』は初期段階のことで，愛情を持って育てているといつか必ず好ましい関係に向かいます．過ぎてみればこの経過に意味があったことがわかります．この一貫性，継続性から生まれる存在の共有が里親のいい面ですね．」

「週末里親のときの体験です．我が家で一日〜二日過ごして施設に帰ったとき，あと500メートルで施設到着という段になると，『帰りたくない』と泣きじゃくるんですね．ところが，施設の玄関に入り，職員を見ると，「ただいま」とまったく平気な，普通の顔であいさつをします．（中略）わずか三歳の子どもなのに，施設がいくら嫌でも自分の運命を受け止めなければならないという思いで施設にいるのです．しかも施設の大人にはそれを知られまいと必死になっている．児童福祉に従事する者は，この子どもの心の深奥を知り，それを癒すために努力をしなければならないでしょうね．」

こうした両氏の語りは，社会的養護において，子どもと共に生き共に育つケアワーカーや養育者としてのあり方について示唆を提供してくれている．また，都道府県が策定した社会的養育推進計画に基づいて推進していく家庭養護や家庭的養護における今後のあり方などを検討する上でも示唆を提供している．

本書には，このような養育，支援，教育をする上で示唆に富んだ4人のインタビュー内容がふんだんに盛り込まれているのである．

本書は，今後の社会的養護実践のあり方を展望する上での貴重な資料の1つであり，社会的養護において子どもとの「共生共育」を実践するケアワーカーや養育者が，子どもと向き合うにあたって読んでもらいたい1冊である．また，ベテランのケアワーカーや養育者が子どもへの養育・支援において困惑したり苦悩したりした際にも読んでもらいたい．解決の糸口を得られるであろう一冊でもある．

本書についての書評を執筆させていただき，こうした実践者の語りをまとめることの意義を改めて実感した次第である．

村尾泰弘 [編著]

家族をめぐる法・心理・福祉

法と臨床が交錯する現場の実践ガイド

法律文化社・2019 年・定価：本体 2,900 円＋税

藤原正範 *

　一言で評するなら，「よく工夫された本」である．

　本書は 3 部で構成されている．少年非行，犯罪，夫婦・男女問題，児童・高齢者虐待などの現代的課題について，第 1 部「家族問題を理解するための法・心理・福祉」は法制度をわかりやすく解説し，第 2 部「家族問題の具体的事例からよむ法・心理・福祉」は事例を提示しながらそれぞれの課題の原因とその解決のための多機関連携の方法を紹介している．

　第 1 部では，編者村尾泰弘ほか松村歌子，町田隆司による「家族の危機を理解するための基礎知識」が，最近の民法改正，DV，ストーカー，国際離婚問題とハーグ条約など多くの話題を取り上げながらわかりやすく充実した内容になっている．

　第 2 部で興味深かったのは町田隆司による「不倫と離婚の具体的事例」である．不倫の心理，統計，法的枠組，その結果離婚になった場合の紛争の形と解決方法が詳細に紹介されている．この部の村尾の少年非行，遠藤洋二の児童虐待，湯原悦子の介護殺人などは，そのテーマの第一人者による手慣れた執筆である．私個人は，今まで出会っていない執筆者による新しいテーマの執筆内容に迫力を感じた．

---

* 日本福祉大学ソーシャルインクルージョン研究センター・研究フェロー

　その意味では，本書によって司法福祉領域の新たな執筆者（研究者）が開拓されたというふうにも考えられるであろう．

　そして，本書の大きな特徴は第3部「家族問題をめぐる新たな潮流と課題」にある．ここでは，①治療的司法，②加害者家族支援，③情状鑑定，④成人年齢引き下げと少年法，⑤離婚時の親権，⑥子どもの意見の尊重と子どもの手続代理人制度，⑦裁判員裁判と市民の福祉，の司法福祉領域の最近のホットな話題7つが取り上げられている．本書全体のバランスからこの程度の記載量にとどまったのであろうが，7つのテーマの内容がコンパクト過ぎるのはやや残念である．それぞれのテーマに関心をもった者が学習，研究の出発点にしていくことに期待するしかないだろう．

　大学の法学部，社会福祉学部，心理学部などに「司法福祉」（あるいは「司法心理」）という科目があるならば，本書は優れた教科書になる．その理由は，司法福祉の「司法」が刑事（少年）・民事（家事）バランスよく取り上げられていること，具体的事例が適切でわかりやすいこと，司法福祉領域の現代的テーマがもれなく取り上げられていること，である．しかし，実際は大学の教科書採用に至らない可能性が高い．私は法学部と心理学部のことはよくわからない．社会福祉学部では，国家資格である社会福祉士の指定科目が「権利擁護と成年後見制度」，「更生保護制度」であり，それは2021年カリキュラム改定により「権利擁護を支える法制度」，「刑事司法と福祉」に変更される．しかし，教科書採用には指定科目名を付した本を選択することが多くなるだろう．

　司法福祉という学術領域は，司法と福祉との関係について深遠な議論を重ねてきており，現在もそれは進行中である．指定科目準拠の教科書は福祉専攻の学生にその制度や手続きを教示すれば足りるということになりがちであり，司法福祉研究の成果が必ずしも反映されない．本書の読後，大学の教科書にはその専門領域の研究動向を踏まえたものを選択してほしいと強く感じた．

日本司法福祉学会規約

2017 年 9 月 第 8 条（退会）改訂

2000 年 11 月 5 日制定施行
2002 年 8 月 第 17 条（入会金及び会費）改訂
2006 年 8 月 第 1 条（名称）改訂
2014 年 8 月第 17 条（入会金及び会費）改訂
2017 年 9 月 第 8 条（退会）改訂
第 10 条（名誉会員）改訂
第 14 条（役員の任務）改訂
第 15 条（理事会）新設
第 18 条（入会金及び会費）改訂

第 1 章　総則

第 1 条（名称）

本会は日本司法福祉学会（Japanese Society of Law and Forensic Social Services）と称する.

第 2 条（事務局）

本会の事務局は理事会の定めるところに置く.

第 2 章　目的および事業

第 3 条（目的）

本会は，司法における規範的並びに実体的問題解決の福祉的側面に着目し，問題の適正で妥当な解決を実現することを目指して，これに関連する分野の学術的研究や実務に携わる者が共同して研究を推進し，もって社会に貢献することを目的とする.

第 4 条（事業）

本会は前条の目的を達成するため，次の事業を行う.

1　研究大会，講演会などの開催

2　学会誌の刊行，その他研究交流に必要な情報の提供

3　内外の関連学術団体・研究者・実務家との連絡及び協力

4　その他本会の目的を達成するために必要な事業

第3章　会員

第5条（会員の資格）

会員は，第3条に示された目的に賛同し，そこの示された分野にかかわる学識・経験を有する者とする．なお本会の趣旨に賛同する個人・団体を賛助会員とすることができる．

第6条（入会）

会員になろうとする者は，会員1名の推薦を得て，理事会に申し込み，その承認を得なければならない．

第7条（会費）

会員は総会の定めるところにより，会費を納入しなければならない．

第8条（退会）

1　退会しようとする者は，退会届を理事会に提出しなければならない．

2　会費を2年以上滞納した者は，理事会において，本会を退会したものとみなす．

第9条（除名）

本学会に損害を与え，または本学会の名誉を著しく傷つけた者は，理事会の発議により，総会において，除名することができる．除名の対象とされた会員は，総会において決議に先立って弁明する機会を与えられる．

第10条（名誉会員）

1　原則として70歳以上の会員で，次の各号のいずれかに該当する者を，名誉会員とすることができる．

　(1) 会長を務めた会員

　(2) 理事又は監事を通算9年以上又は通算3期以上務めた会員

　(3) その他前号 (1) 又は (2) に準ずる役員を務め，本会の発展に多大な貢献のあった会員

2　名誉会員は，理事会によって推薦され，総会の議決をもって承認された者とする．

3　名誉会員は，会費及び全国大会参加費の納入を要しない．また，本会の発行する刊行物の配布を受けることができる．

4　名誉会員は，理事又は監事の選挙における被選挙権を有しない．

第4章　機関

第11条（役員）

本会に次の役員を置く.

1　理事　若干名（うち1名を会長，1名を事務局長とする）

2　監事　2名

第12条（選任）

理事及び監事は会員の中からこれを選任する. 選任の方法については，別にこれを定める.

第13条（任期）

役員の任期は3年とする. ただし再任を妨げない. 役員に欠員が生じたときは，その後任者を新たに選任する. その場合の後任者の任期は前任者の残任期とする.

第14条（役員の任務）

1　会長は本学会を代表する. 会長に事故があるときは，会長があらかじめ指名した他の理事が職務を代行する.

2　事務局長は会務の執行及び理事会の運営に関する事務を掌理する.

3　理事は理事会を組織し，会務を執行する.

4　監事は会計及び会務執行の状況を監査するとともに，理事会に出席し，必要があると認めたときに理事の職務執行等に関して意見を述べることができる.

第15条（理事会）

1　理事会は，会長が招集し，理事現在数の過半数以上の出席をもって成立する.

2　理事会の議事は，議決に加わることのできる理事の過半数をもって決する.

3　理事が，会務の執行に関する事項について提案した場合において，その提案について，議決に加わることのできる理事の全員が書面又は電磁的記録により同意の意思表示をしたときは，その提案を可決する旨の理事会の議決があったものとみなす.

　　ただし，監事が異議を述べたときは，この限りでない.

4　理事会は，その決議をもって，必要な委員を委嘱し，会務の補助をさせることができる.

5　理事会の議事については，議事録を作成し，会長及び監事は，これに署名押印する.

第16条（総会）

会長は，毎年1回会員による通常総会を招集しなければならない. 会長が必要と認めるとき，または会員の3分の1以上の請求があるときは，臨時総会を開く. 総会の

決議は，出席会員の過半数による．

第5章　会計

第17条（会計年度）
　本会の会計年度は，毎年4月1日から翌年3月31日までとする．
第18条（入会金及び会費）
　1　入会金は1000円とする．
　2　会費は年額7000円とする．ただし大学院生を含む学生会員はこれを2000円とする．
第19条（予算・決算）
　本会の予算及び決算は，理事会の議決を経て，総会の承認を得てこれを決定する．

第6章　規約の変更等

第20条（規約変更）
　本規約を変更し，または本学会を解散するには，会員の3分の1以上または理事の過半数の提案により，総会出席者の3分の2以上の同意を得なければならない．

［付則］
　1　本規約は「日本司法福祉学会」設立の日（2000年11月5日）から施行する．
　2　「日本司法福祉学会」設立準備会加入者は，前項の日より同学会会員になったものとする．
　3　本会の設立当初の理事及び監事は，第一回総会で選任する．会長は必要な場合，別に理事1名ないし2名を委嘱することができる．これら役員の任期は，第13条にかかわらず2004年3月31日までとする．
　4　本会の設立年度は，会計年度を設立の日から翌年3月31日までとする．
　5　第18条にもかかわらず，設立年度の入会者は入会金を必要としないものとする．

［付則］
　本規約は2017年9月2日から改正施行する。

日本司法福祉学会 研究倫理指針

第1 総則
（目的）
　日本司法福祉学会は，会員の研究における自己規律と倫理的なあり方を示すために，本指針を定める.

（遵守義務）
1. 会員は，研究過程および結果の公表にあたって，すべての人の基本的人権と尊厳に対して敬意を払わなければならない.
2. 会員は，研究協力者に対して，個人のプライバシー，秘密の保持，自己決定および自立性を尊重しなければならない.
3. 会員は，先行研究を探索し，自己の研究・実践の向上に努めると同時に，自らの研究・実践活動の社会的貢献を意識しなければならない.

第2 指針内容
（1）裁判事例等の発表及び公表
1. 裁判事例等の発表および公表にあたっては，事例に関わる対象者（当事者）の了解を取ることを原則とし，対象者（当事者）を特定できないように匿名化して表記しなければならない.
2. 学会は，大会および研究集会において裁判事例等の発表を行う場合，学会員以外の参加を原則として認めない.
3. 会員は，裁判事例等の発表のために提供された資料の取り扱いについて，発表者の指示に従わなければならない.

（2）研究誌への投稿論文
1. 論文の投稿は，二重（多重）に行ってはならない.
2. 論文の投稿は，根拠に基づき，虚偽や誇張，歪曲のないようにしなければならない.
3. 投稿された論文の査読を行う場合は，査読の匿名性が保持されなければならない.
4. 査読は，発刊された論文の評価を含むものであるから，公正・客観的に批評しなければならない. また，査読に対して，著者から要求があった場合には，その反論が許

されなければならない.
5.書評についても，上記と同様である.

（3）研究費
1.外部資金（研究費）を導入して研究を行う場合には，その会計を明瞭にしなければ
ならない．研究目的に合致した予算，予算に合致した使用，支出に関する領収書など
の証拠書類の整理保存を厳密に行い，その使用が不正なものであってはならない.
2.研究費の供与機関および導入機関の定める執行規程を遵守しなければならない.

（4）差別的あるいは不適切とされる用語
1.研究業績を著書・論文・口頭等で発表する場合に，差別的あるいは不適切と考えら
れる用語を使用してはならない．ただし，引用文中の語については，この限りではな
いが，その旨を明示しなければならない.
2.会員は，差別的あるいは不適切と考えられる用語であるかどうかに関して理解を深
めなければならない.

（5）アカデミック・ハラスメント
1.大学内・研究所内あるいは共同研究組織において，上位の権限・権威・権力を持つ
者がそれを行使して，下位の者に対して，研究・教育・資格付与・昇進・配分等にお
いて不当な差別を行ったり，不利益を与えたりしてはならない.
2.会員は，対象を特定し，もしくは特定せずに，不当な中傷を行ってはならない.

［付則］
1.この指針は，2008 年 8 月 2 日より施行する.

「司法福祉学研究」編集規程・投稿規程・執筆要領

[編集規程]

1. 本誌は，日本司法福祉学会の研究誌であり，原則として毎年1回発行する．
2. 本誌は，会員の研究論文（自由研究），事例研究，実践報告，学会での報告，その他会員の研究活動に関する記事等（以下，原稿という）を掲載する．
3. 掲載の原稿は，編集委員会の依頼するものと投稿によるものを併せて掲載する．なお，原稿は，会員以外の者に執筆依頼することがある．
4. 投稿は，所定の投稿規程に従うものとする．
5. 研究論文（自由研究），事例研究，実践報告は複数の査読委員による査読を行う．査読の手続きは別に定める．
6. 原稿の依頼および掲載は，編集委員会の議を経て決定する．査読の手続きを経た原稿については，査読結果に拠る．
7. 編集委員会は，掲載予定原稿について，執筆者と協議のうえ，内容の変更を求めることができる．査読の手続きを経た原稿については，変更の要請について査読委員の意見を尊重する．
8. 掲載原稿は，原則として返還しない．

[投稿規程]

1. 投稿資格者は会員に限る．
2. 原稿は未発表のものとする．ただし，学会および研究会発表用として作成した印刷物はこのかぎりでない．
3. 執筆に当たっては，当学会の研究倫理指針を遵守しなければならない．
4. 原稿に，投稿種別（研究論文・事例研究・実践報告），原稿タイトル，英文タイトル，氏名，所属，職名を明記した表紙をつけて提出する．
5. 原稿は，原則として，16,000字以内とする．
6. 投稿は，電子メールの添付ファイルで提出する．それができない場合は，編集委員会に申し出て，その指示に従う．
7. 投稿募集に関する情報は，学会ニュースに適宜掲載する．
8. 編集規定7により，掲載にあたって原稿の内容の変更を求めることがある．

［執筆要領］

1. 表紙に投稿種別（研究論文・事例研究・実践報告），原稿タイトル（英文タイトルを併記），氏名，所属（職名）を明記する．原稿には，氏名，所属（職名）を記載しない（投稿種別，日本語及び英文タイトルは記載すること）．文中，筆者自身の引用・参考文献の紹介に「拙著」という表現を使わない．
2. 原稿は横書きで，1行40字，1ページ行数30行とする．
3. 文体は「である」調とする．
4. 小見出しの表示は，1，(1)，①とし，それ以上の細目が必要なときには，アイウエ，ａｂｃを使用する．
5. 年号は西暦を基本とし，元号が必要な場合には，2010（平成22）年の例に従う．
6. 写真，図版，表などは，ワードなどの文字テキストデータ上に画像状態で貼り込むことはせずに，必ず別添で元データをつける．
7. 注については，ワードなどの脚注機能は使用しない．本文中の注番号は「上付き片かっこ」とする．注の文章は，論文末に記載する．
8. ルビについては，ワードなどのルビ機能は使用しない．「蜻蛉（とんぼ）」のように本文中に単純に入れる．
9. 本文中の引用文献は，（山口 1988：25）の例に従い，論文末（注の後）に引用・参考文献として掲載する．
10. 引用・参考文献は引用と参考を分けずに記載し，その記載方式は次のとおりとする．
(1) 邦文の場合
　①単著の場合
　　　著者名（出版年）『書名（タイトル－サブタイトル)』出版社名
　②共著の場合
　　　文献上の著者順（出版年）『(書名（タイトル－サブタイトル)』出版社名
　③編書論文の場合
　　　論文著者名（出版年）「論文名」編集名『書名』出版社名，論文初頁－終頁
　④雑誌論文の場合
　　　論文著者名（出版年）「論文名」『掲載雑誌・紀要名』巻（号)，論文初頁－終頁
　⑤調査報告書の場合
　　　研究代表者名（刊行年）『タイトル』○○年度・・・・・報告書，研究機関名
(2) 欧文の場合
　　　著者のファミリーネーム・ファーストネーム・ミドルネーム（出版年）タイトル：サブタイトル，出版社名
11. 図表は本文とは別にして，1頁1図表とする．
12. その他は，編集委員の指示に従う．

投稿原稿の受領から掲載までのフローチャート

『司法福祉学研究』編集委員会

1．投稿原稿を受領　➡　投稿者へ受領通知

2．査読者を選定（投稿論文1本につき2人）（査読者リストの作成）

3．査読を依頼（発送文書：査読依頼文書、査読報告書①及び②）
　　　　　　　　　（査読辞退がある場合は代替査読者を選定し、依頼）

4．査読結果の受領

> 査読結果　A：無修正で掲載可
> 　　　　　B：修正後に掲載可
> 　　　　　C：修正後に再査読
> 　　　　　D：不採用

5．編集委員会で集約および検討（査読者の審査結果をもとに編集委員会で検討する）

> ・Aの場合、採用
> ・Bの場合、投稿者へ修正通知→修正原稿受領→編集委員会で点検→採用
> ・Cの場合、投稿者へ修正通知→修正原稿受領→再査読依頼→編集委員会で点検→
> 　採用又は不採用
> ・Dの場合、不採用

6．採用（編集委員会で検討）

7．受理（投稿者へ受理通知）

8．掲載

> （参考）
> A＋A　：採用
> A＋B、B＋B　：修正後掲載可
> A＋C、B＋C、C＋C　：修正後再査読
> D＋D　：不採用
> A＋D、B＋D、C＋D　：第三査読者1名選定→査読依頼

（日本社会福祉学会機関誌『社会福祉学』投稿受領から掲載までのフローチャートをもとに作成し、日本司法福祉学会 2011 年度総会で承認を得たものである）

[編集後記]

　司法福祉学研究第20号をお届けします。本号には、巻頭言、自由研究（論文）5本、特別寄稿1本、学会第20回大会（2019鈴鹿大会）の大会シンポジウム等記事、分科会報告8本及び書評3本を掲載しました。巻頭言は藤原正範会長に、書評は松田和哲会員、相澤仁会員、藤原正範会長に、それぞれご寄稿いただきました。改めて御礼申し上げます。なお、特別寄稿は、2019鈴鹿大会のプレ企画として実施された「刑事司法制度の中のソーシャルワーク─合衆国におけるエビデンス・インフォームド・プラクティス─」と題するアンナ・シャヤット博士（ジョージア大学スクール・オブ・ソーシャルワーク学部長兼教授）の講演をもとに同博士に新たにご寄稿いただいたものです。力作をお寄せいただいた同博士に感謝申し上げるとともに、会員各位においてご参照賜れば幸いです。

　巻頭言では、新型コロナウイルス感染症にかかわり、重要な問題点の整理とソーシャルワークの課題について貴重な示唆をいただきました。

また、書評図書は、司法福祉の実践現場における指針やテキストとして、あるいは貴重な記録として、有益かと存じます。ご一読をお勧めする次第です。

　自由研究（論文）では、前号に引き続き、意欲的な論考を掲載することができました。ご担当いただいた査読委員のみなさまには深く感謝を申し上げます。

　最後に、当期編集委員会の担当は次号までとなります。次号は大会中止による変更が予想されます。編集委員会としても知恵を出し合って対応したいと考えております。

編集委員長　村田輝夫

司法福祉学研究 20

発行日　2020 年 11 月 15 日

編　者　日本司法福祉学会

発行者　日本司法福祉学会
　　　　（本部事務局）〒 202-8585　東京都西東京市新町 1-1-20
　　　　　　　　　　　　　　　　　武蔵野大学人間科学部社会福祉学科
　　　　　　　　　　　　　　　　　木下大生研究室
　　　　（委託事務局）〒 162-0801　東京都新宿区山吹町 358-5　アカデミーセンター
　　　　　　　　　　　　　　　　　Tel：03-6824-9376　Fax：03-5227-8631
　　　　　　　　　　　　　　　　　E-mail：jslfss-post@kokusaibunken.jp

発　売　株式会社生活書院
　　　　　〒 160-0008　東京都新宿区四谷三栄町 6-5　木原ビル 303
　　　　　　　　　　　Tel：03-3226-1203　Fax：03-3226-1204